Survivre dans la jungle civilisée

Groupe Eyrolles

61, bd Saint-Germain
75240 Paris Cedex 05

www.editions-eyrolles.com

Ouvrage réalisé avec la collaboration
d'Élisabeth Massa-Nadoulek

ISBN : 978-2-212-53899-1

Bernard Nadoulek

Survivre dans la jungle civilisée

Essai de stratégie à usage personnel

EYROLLES

Je chante les héros dont Ésope est le père,

Troupe de qui l'histoire, encor que mensongère,

Contient des vérités qui servent de leçons.

Tout parle en mon ouvrage, et même les poissons :

*Ce qu'ils disent s'adresse à tous
tant que nous sommes ;*

Je me sers d'animaux pour instruire les hommes.

JEAN DE LA FONTAINE

Table des matières

LE DIT
DE LA CHOUETTE

Que faire si votre chef vénéré, Grand Crocodile Retors, un fieffé mangeur d'hommes, tente de vous faire endosser une erreur qu'il a commise et de vous transformer en sac à main pour dame ? Vous avez involontairement commis une faute professionnelle grave et Babouin Rageur vous menace de licenciement sans indemnités : comment survivre à l'étreinte fétide du primate ? Bélier Bonasse vous implique accidentellement dans la perte d'un dossier confidentiel : comment jongler avec la patate chaude sans vous faire encorner ? Si Bélier Bonasse s'avère être une hyène putride, comment lui rendre la monnaie de sa pièce ? Chez les Castors High Tech, vous êtes accusé de vol sans preuve, crime capital dans cette communauté de rongeurs puritains : comment rétablir votre honneur mis à mal ? Coyote Présomptueux vous a impudemment volé un gros contrat et une prime juteuse : comment rétablir la situation si vous n'êtes pas certain de pouvoir compter sur la hiérarchie des prédateurs ?

Comment réagir dans les situations où, en quelques secondes, selon ce que vous allez dire ou ne pas dire, faire ou ne pas faire, vous rejoindrez la

Horde de Pelés promis à la géhenne, ou l'Aristocratie des Élus au Royaume des Cieux. Y a-t-il des compétences qui permettent de prendre le minimum de risques pour un maximum d'efficacité ? Enfin, comment ne pas être une victime potentielle, dans un bestiaire contemporain où se déchaînent les instincts du monde animal ? Pour répondre à ces questions, HEC, l'école des Hautes Études des Crapauds, a fait appel à moi, la Chouette éternelle, symbole de la sagesse depuis l'origine du monde. Une méthode simple, trois concepts – Direct, Indirect, Anticipation – et cinq idées claires – penser à l'envers, penser contre soi-même, cesser de penser, s'adapter au contexte, choisir ses combats – permettent, foi de Chouette paradoxale, de résoudre les problèmes les plus complexes.

Au-delà de la métaphore animalière, et à l'heure où les pressions sur la productivité et la compétitivité ont atteint leur zénith, cet essai de stratégie sur les conflits professionnels offre à chacun un manuel personnel de survie pour la jungle civilisée du capitalisme.

Le Centre de Reproduction des Crapauds

Comment en suis-je venue à donner des cours de stratégie à HEC, l'école des Hautes Études des Crapauds ? Je vous résume l'affaire. Le CRC, Centre de Reproduction des Crapauds, est installé au bord d'un étang, dans le parc qui entoure le château de Jouy-en-Josas. Les crapauds y vivaient heureux depuis cent générations. Leurs ennuis commencèrent lorsque, poussés par une démographie pléthorique, ils décidèrent de préparer une grande migration pour coloniser d'autres sites de reproduction. À la date prévue, par une soirée d'orage qui favorisait leur dessein, les légions de crapauds surnuméraires se mirent en marche.

À peine sortis du parc, une agression, brutale autant qu'incompréhensible, les décima. Des monstres rugissants, aux yeux de feu qui éblouissaient, les figèrent sur place ; ils se précipitaient sur eux et les écrasaient par dizaines à chacun de leurs assauts. Dès qu'il y avait un répit, les crapauds tentaient de reprendre leur migration mais toujours les monstres de feu revenaient à l'attaque. Tant et si bien que les crapauds furent massacrés sans merci. Ceux qui échappèrent à la tuerie s'en retournèrent vers l'étang faire un rapport à leurs chefs. Le surnombre et donc l'obligation de migration ayant été provisoirement réglés par le massacre, le Conseil de Reproduction des Crapauds décida d'entamer une phase d'observation sur les monstres et les autres espèces environnantes, avant toute nouvelle tentative. Des crapauds espions furent désignés et se répandirent alentour.

Après plusieurs semaines d'observations intenses, les crapauds parvinrent à identifier les deux races dominantes sur leur territoire : les hommes, qui occupaient le château proche de leur étang, et les monstres de feu, qui se rassemblaient sur le bord des allées du parc. De prime abord, les hommes paraissaient inoffensifs. Ils laissaient les crapauds en paix et, parmi les mystérieuses besognes auxquelles ils se livraient, ils se rassemblaient eux aussi pour coasser pacifiquement de concert. Donc, rien d'inquiétant. En revanche, les monstres de feu, eux, dissimulaient pendant la journée leur nature maléfique en restant immobiles, leurs terribles yeux éteints. Mais le soir venu, par un moyen resté mystérieux, ils attiraient les hommes vers leurs grandes bouches latérales, les avalaient, souvent plusieurs à la fois, puis ils allumaient leurs yeux de feu, rugissaient et disparaissaient.

Après cette longue observation, le Conseil estima que la meilleure solution consisterait sans doute à s'allier avec les hommes, contre les monstres de feu. Plusieurs tentatives furent faites dans ce sens. Dans un grand élan de fraternité, des commandos de crapauds s'introduisirent dans les salles du château pour tenter de coasser avec les hommes. À la stupéfaction des crapauds, les hommes, qui d'habitude les laissaient tranquilles, se mirent à les pourchasser à coups de balai, de pelle et autres râteaux, allant même jusqu'à en écraser un certain nombre. Les crapauds, désespérés par le malentendu, coassaient de plus belle pour avertir les hommes du danger, pour proposer une alliance contre les monstres de feu. Rien n'y fit, les hommes ne pouvaient ou ne voulaient pas les entendre. Alors les crapauds, en désespoir de cause, s'adressèrent à moi.

Je nichais à cette époque dans un chêne vénérable du parc et j'entretenais avec les crapauds des relations polies et épisodiques. J'en déchiquetais bien quelques-uns, de temps en temps mais, pacifiques et fatalistes, ils ne m'en gardaient pas rancune. Quand ils vinrent me solliciter en me racontant cette histoire, j'eus du mal à ne pas leur rire au nez. Le problème du crapaud est simple : un disque dur rudimentaire, une mémoire vive très limitée et un système d'exploitation humide. Après tout, ce ne sont que des bêtes. Mais, ayant côtoyé l'ingratitude humaine pendant des siècles, je décidai de prendre le parti du monde animal.

Les hommes, après avoir un moment respecté la chouette pendant l'Antiquité – j'étais alors le symbole d'Athènes, qui frappait sa monnaie à mon effigie –, l'ont diabolisée pendant tout le Moyen Âge. Elle fut traitée comme une sorcière, clouée sur les portes pour écarter les maléfices. Avec la Renaissance, la chouette fut en partie réhabilitée, figurant sur les armes héraldiques de nombreuses universités en tant que symbole de la sagesse mais, avec les temps modernes, je fus tout simplement mise au rancart, sans que les hommes m'attribuent quelque assurance chômage ou maladie, aucune retraite, malgré des millénaires de loyaux services. Aujourd'hui, accablée de rhumatismes et le plumage mité, je dois survivre sans même un revenu minimum d'insertion.

Il m'en fallut du temps pour expliquer aux Crapauds que les monstres de feu étaient des voitures, moyen de déplacement fabriqué par et pour les hommes ! Et que les voitures déciment tous les animaux qui traversent les routes. Il est vrai qu'après avoir copulé la nuit durant, les crapauds s'éveillaient tard, trop tard pour voir les hommes arriver au château et sortir de leurs voitures. De là l'erreur des batraciens. Ne croyez pas que les hommes fassent beaucoup mieux que les Crapauds : ils ont un esprit limité, la vue basse et la mémoire flageolante, et c'est sur cette base qu'ils prétendent concevoir des plans ! Parfois l'un d'entre eux s'élève au-dessus du lot et, au royaume des aveugles, les borgnes voient à moitié... C'est pourquoi j'enseigne aujourd'hui la stratégie à tous les animaux du bestiaire à l'école des Hautes Études des Crapauds. En échange de quoi, je dévore les crapauds ou les petits mammifères les plus mal notés. C'est une forme de sélection efficace.

Les Tables de la Loi

Pour enseigner la stratégie aux animaux, il me fallait trois choses : d'abord, un objectif d'enseignement plus quotidien que militaire, pour qu'ils puissent s'approprier les concepts ; ensuite, un corps de définitions et de concepts simplifiés pour assurer la mécanique de l'ensemble ; enfin, une méthode simple d'analyse stratégique et de construction de plans.

Pour enseigner la stratégie sous une forme immédiatement employable, je décidai de l'appliquer aux conflits quotidiens et, plus particulièrement, aux crises qui jalonnent les parcours professionnels dans l'entreprise. *Tous les cas présentés dans cet ouvrage sont réels : ils ont été racontés dans mes séminaires par les protagonistes qui les ont vécus.*

La plupart des enseignements voudraient réduire les situations de conflit ou de crise à des situations de communication ou de négociation normalisées. En résumé, ils tentent de ramener les protagonistes à la raison, ce qui est la plupart du temps impossible dans des situations de crise où la plupart d'entre nous sommes submergés par nos émotions, nos inhibitions et nos pulsions inconscientes. Au contraire, dans ses cours, la Chouette professorale enseigne qu'il faut accepter le conflit tel qu'il est, violence comprise, et le résoudre grâce aux concepts stratégiques. *Il est bon, foi de Chouette réaliste, que la maîtrise de la stratégie devienne une compétence individuelle, générique et polyvalente.*

En annexe, le lecteur trouvera les définitions, les concepts et la méthode de construction de plans d'action. Qu'il ne s'étonne pas de la formulation réduite : d'une part, cette formulation synthétique est plus favorable à l'interprétation ; d'autre part, les concepts, les règles et la méthode, sont illustrés dans tous les cas traités dans cet ouvrage. Le lecteur peut soit consulter cette annexe avant de lire l'ouvrage, soit commencer directement l'ouvrage et aller aux définitions, aux concepts et à la méthode, chemin faisant.

Encore un mot au lecteur sur les rapports entre humains et animaux. À l'heure où l'éthologie moderne découvre que tous les comportements de base du genre humain relèvent du monde animal, il n'est pas étonnant que, dans les cas de conflit qui suivent, les comportements des animaux évolués empruntent pratiquement tous leurs travers aux humains. Animaux et humains proviennent de la même souche primitive et leur évolution est indissociable, notamment dans le domaine de la stratégie.

1

PENSER
À L'ENVERS

La tête sur le billot

*Grand Crocodile Retors, président d'une impor-
tante entreprise de produits agroalimentaires,
décide d'une offensive contre la grande distribution
qui ne lui laisse pas, selon lui, de marges suffisantes.
Pour appuyer son offensive, il s'allie avec d'autres
entreprises agroalimentaires qui ont les mêmes
griefs et il les pousse à cesser de concert leurs livraisons pour faire pression sur les acheteurs de la
grande distribution pendant la négociation. Grand
Crocodile Retors charge Rhino Féroce, son directeur commercial, de coordonner l'offensive. Et ce
dernier s'y emploie.*

*Tigre Royal, leader de la grande distribution,
prend la tête de la contre-offensive et décide de trois
mesures : d'abord, il refuse de négocier collective-
ment avec les entreprises agroalimentaires ; ensuite,
il remplace les produits de ces entreprises par des
« marques propres » (produits conditionnés sous la
marque de chacune des enseignes de la grande
distribution), dans les rayons des magasins ; enfin,
il prend contact avec chacun des chefs d'entreprise
séparément pour négocier dans un rapport de force*

optimum, comptant sur le fait qu'avec l'arrêt des livraisons, chacun d'eux perd tous les jours de l'argent.

Cette contre-offensive porte ses fruits, les entreprises agroalimentaires cèdent les unes après les autres et Grand Crocodile Retors, isolé, se trouve obligé d'appeler Tigre Royal pour négocier le retour de ses produits dans les magasins. Outre la négociation sur les prix, Tigre Royal, qui veut faire payer son offensive à Grand Crocodile Retors en l'humiliant, lui impose deux conditions supplémentaires : le paiement en espèces d'une somme très importante pour « frais de re-référencement » et le renvoi de Rhino Féroce, le directeur commercial qui a coordonné l'offensive. Grand Crocodile Retors, qui n'a pas vraiment le choix en regard de ses pertes quotidiennes, accepte.

Grand Crocodile Retors convoque alors Rhino Féroce pour lui annoncer sa décision. Que peut faire le directeur commercial pour se tirer au mieux de cette affaire ?

Rapide analyse stratégique

Après avoir lu un cas, la première chose à faire est d'identifier le facteur clef du conflit grâce à une première phase rapide d'analyse stratégique. Dans ce cas, l'analyse sera extrêmement succincte car elle peut être déterminée par un seul mot : contrainte.

La décision est déjà prise, Grand Crocodile Retors agit sous la contrainte et la question du licenciement du directeur commercial n'a aucun poids face aux enjeux financiers de la situation. Malgré le fait que ce soit le président qui ait pris l'initiative de cette offensive ratée et que Rhino Féroce n'ait fait qu'obéir à ses ordres, il est naïf de croire que Grand Crocodile Retors paiera les pots cassés. Avant que ses actionnaires ne lui demandent des comptes, il aura tôt fait de trouver un fusible. Le fait que cela soit injuste ne change rien pour Rhino Féroce.

La plupart d'entre nous avons connu cette situation où, dans des circonstances difficiles, nous sommes « trahis » par quelqu'un de proche qui tente de nous faire porter le chapeau pour une faute qu'il a commise. L'expérience est amère car, plus le traître est proche, plus il peut nous faire de mal : qui peut le plus facilement tuer César ? Brutus, son fils.

Rhino Féroce peut-il rester directeur commercial ?

À la lecture de ce cas, les réactions initiales les plus fréquentes portent sur l'injustice que subit Rhino Féroce, qui n'a fait qu'obéir aux ordres de Grand Crocodile Retors. Pour beaucoup, il est victime et cela justifie le fait qu'il se batte pour garder la direction commerciale. Pour la majorité des élèves du cours de la Chouette professorale, Rhino Féroce peut sauver sa tête : d'abord, en rétablissant la vérité ; ensuite, en agitant la menace d'un procès au conseil des Prud'hommes que, compte tenu des circonstances, il est sûr de remporter ; enfin, en menaçant d'un scandale public et médiatique. Le plan optimum conçu est à peu près le suivant :

- ❖ *Objectif* : garder la direction commerciale.
- ❖ *Direct* : rétablir la vérité.
- ❖ *Indirect* : menacer d'un procès.
- ❖ *Anticipation* : menacer de tout révéler aux médias et provoquer un scandale public.

Il s'agit donc d'agir à partir d'un plan fondé sur des cercles concentriques toujours plus larges : rétablir la vérité au sein de l'entreprise et, si cela n'est pas suffisant, auprès de l'institution judiciaire, puis des médias et du public.

Ce plan, dont on peut comprendre les raisons, est d'une naïveté et d'une maladresse confondantes.

L'objectif, garder la direction commerciale, est complètement caduc puisque la décision de licenciement a déjà été prise et que le problème de Rhino Féroce a peu de poids face aux enjeux financiers de l'affaire.

La première phase directe, « rétablir la vérité devant le président », n'a aucun sens puisque Grand Crocodile Retors sait la vérité, il la connaît même de manière cuisante. Le caractère oppositionnel de la démarche et l'évocation de cette vérité n'auront pour seuls effets que de le mettre en colère et d'emporter les derniers scrupules qui pouvaient lui rester, à supposer qu'il en eût.

Du même coup, la deuxième phase indirecte, « menacer d'un procès », ne fera que renforcer la détermination du crocodile. Outre le fait qu'il est maladroit de menacer lorsqu'on est en situation de faiblesse, surtout face à un crocodile aux mâchoires hyperpuissantes, capable d'attaques foudroyantes, il est très naïf de penser qu'un éventuel procès est gagné d'avance. En effet, si le directeur est licencié, ce ne sera certainement pas pour son rôle dans cette offensive. Quitte à faire perdre une illusion de plus à certains lecteurs, je dois faire remarquer que les directions des ressources humaines ont des spécialistes des coups tordus qui savent fabriquer de toutes pièces des dossiers de licenciement, sur la base de prétextes choisis, en prenant en compte tous les aspects juridiques du droit du travail. Les tribunaux ne sont pas toujours dupes mais, d'une part, le salarié devra faire la preuve de ses dires, ce qui n'est pas toujours simple et, d'autre part, beaucoup d'entreprises, qui ont des cabinets d'avocats rétribués à l'année, jouent sur la longueur des procès et des recours en appel pour émietter la volonté adverse et trouver la faille, le défaut de procédure. Sans compter qu'à un tel niveau de responsabilité, le fait de quitter son entreprise en lui faisant un procès n'est pas la meilleure voie pour retrouver un nouvel emploi.

Enfin, l'anticipation, qui consiste à « menacer de tout révéler aux médias pour provoquer un scandale public » est plus facile à imaginer qu'à mettre en œuvre. D'abord, la menace est contradictoire avec la précédente car, en cas de procès, les faits sont couverts par le secret de l'instruction. De plus, en révélant cette affaire à la presse, le directeur peut se mettre doublement en faute : d'une part, parce que les entreprises introduisent de plus en plus souvent des clauses de confidentialité dans les contrats de travail pour des postes à responsabilité et, d'autre part, parce qu'un éventuel scandale peut entraîner des poursuites pour diffamation. Et ce n'est pas tout : d'abord, il faut connaître la presse et il n'est pas évident de trouver le journaliste qui acceptera de diffuser une telle affaire sans se couvrir en mentionnant ses sources ; ensuite, le sort d'un cadre dirigeant n'est pas nécessairement susceptible d'entraîner la compassion, il risque même d'être considéré comme un prédateur qui a tout simplement subi des dommages collatéraux inhérents à son statut ; enfin, et ce n'est pas anecdotique, beaucoup de médias évoqueront nombre de raisons, comme la possibilité d'un procès en diffamation ou les risques de perte de recettes publicitaires, pour ne pas prendre de front une grande entreprise.

Garder son poste est donc très aléatoire avec un tel plan. Mais, même sans plan, comment Rhino Féroce peut-il penser qu'il pourra continuer à travailler avec un président qui ne le supportera plus après cette affaire, non seulement parce que Rhino Féroce a tenté de se défendre aux dépens de l'entreprise et de son chef vénéré mais, plus profondément encore, parce que, pour Grand Crocodile Retors, Rhino est le témoin vivant de son échec et donc le fusible désigné.

Le cercle vicieux

Et surtout, en suivant ce plan, Rhino Féroce risque de sortir cassé de cette affaire, détruit professionnellement, financièrement et surtout psychologiquement. En effet, bien que Rhino Féroce soit d'une puissance redoutable, bien que sa corne puisse atteindre plus d'un mètre et infliger des dégâts extrêmes, qualités dont il nourrit ses offensives commerciales, sa principale faiblesse est qu'il a une acuité visuelle très insuffisante et, disons-le tout net, il ne voit pas arriver les coups tordus. Le fait de recourir systématiquement à sa puissance ne lui a permis de développer ni subtilité, ni patience. Il ne sait pas, comme Grand Crocodile Retors, attendre une proie pendant plusieurs mois, en dormant d'un œil, sans boire, sans manger.

Allons jusqu'au bout, imaginons le pire : un directeur commercial honnête, qui a jusqu'ici réussi grâce à un travail acharné, sacrifiant sa vie privée, sa famille et ses loisirs. Rhino Féroce pense droit, en linéaire – voire en mètres linéaires, critère clef dans la grande distribution –, il est fidèle et sans détour. Il a toujours pensé que le président l'appréciait pour ses compétences alors que celui-ci se contentait d'exploiter, avec une légère pointe de dédain, sa force de travail. Par le passé, Rhino Féroce a toujours considéré avec indulgence les coups tordus de son patron, comme des ruses de guerre, sans vraiment comprendre qu'ils relevaient d'une nature retorse assez répandue dans la tribu des crocodiles, tribu très représentée dans la caste des grands patrons.

Bref, Rhino Féroce tombe de haut, et cela provoque chez lui une révolte à la mesure de la corruption des mœurs qu'il entend bien dénoncer depuis qu'elle s'exerce à son encontre. Sûr de son bon droit, qu'il a pris soin d'étayer avec un dossier copieusement surligné, il fait la tournée des popotes auprès des collègues à qui il avait rendu de nombreux services et laisse parler son indignation : « *C'est un piège, un complot. [...] Tu te souviens de ce qu'avait dit Crocodile à la dernière réunion, [...] regarde ce qu'il avait écrit dans la dernière note de service, [...] c'est vraiment un salaud, etc.* » Ses amis qui, mystérieusement, semblent avoir pris une certaine distance, lui font tout de même un brin de psychothérapie : « *Mais non, calme-toi. [...] Ce n'est peut-être pas comme cela qu'il faut interpréter les choses. [...] Ne sois pas excessif, tu vas aggraver ta situation, etc.* »

Ces tentatives pour calmer le jeu exaspèrent Rhino Féroce. De deux choses l'une : soit il a raison et ce sont tous des salauds, soit il a tort et il est le dernier des imbéciles. Dans des circonstances normales, il devrait se demander ce qu'il a pu faire pour prendre une telle claque. Mais là, après un choc pareil, il est KO debout, incapable de se remettre en question. Alors que fait-il ? Il reprend son dossier, le complète, le surligne plus encore et reprend sa croisade. Résultat, ses ex-amis vont faire des détours dans les couloirs pour l'éviter. Il est difficile de vivre avec quelqu'un qui vous explique tous les jours que votre monde est injuste, qu'il n'est peuplé que de mangeurs d'hommes, que tout va très mal, que cela a toujours été très mal et, qu'avec de telles mœurs, tout ne pourra qu'aller plus mal.

Et puis fréquenter Rhino Féroce devient un risque, il est pestiféré, pire encore, contagieux. Rhino Féroce découvre que, dans les grandes crises, il n'y a plus d'amitiés qui tiennent. Alors il tente d'expliquer son affaire à des connaissances qui ne font pas partie de ses proches et qui ont donc encore moins de raisons de l'écouter. Bientôt, tout le monde le fuit. Pour Rhino Féroce, ces réactions indignes prouvent qu'il avait raison : quand il dit la vérité, personne ne veut l'écouter, ce sont bien tous des salauds ! Point de vue rapidement confirmé par sa mise au placard dans une filiale éloignée du siège, petit bureau anonyme, un peu sordide, avec un seul téléphone, dont la ligne passe par le standard... En attendant qu'on prépare sa mise à mort.

Nous imaginons facilement la suite : la colère pousse Rhino Féroce à toutes les fautes, ce qui permet aux Ressources Humaines de monter un dossier sans faille contre lui. Il perd son emploi, ses amis, sa femme, ses enfants, son chien. Et quand il a tout perdu, cela veut bien dire qu'il avait raison depuis le début : ce sont tous des fourbes, il y avait bien un complot contre lui, et probablement que sa femme et son chien en faisaient partie !

En termes cliniques, ce cercle vicieux s'appelle une névrose paranoïde. C'est, entre autres, la faculté de prendre une partie de la réalité pour la réalité tout entière. Nous sommes tous sujets à de tels accès névrotiques et, lors d'une crise grave, foi de Chouette parano, ils peuvent nous précipiter à la chute. C'est ce qui se passe avec Rhino Féroce.

La mise à mort

Poussé à bout, Rhino Féroce décide d'employer la force, le meurtre, le massacre. Sur ce terrain il ne craint personne : 5 m de long, 1,80 m de haut et un poids frôlant les deux tonnes, seuls les éléphants font mieux. Rhino Féroce sait que Grand Crocodile Retors est dangereux, mais sa pointe de vitesse ne tient pas devant les 45 kilomètres à l'heure que Rhino Féroce peut maintenir en pleine course. De plus, la puissance des mâchoires du Crocodile est largement contrebalancée par la taille impressionnante de la corne du Rhino. Et puis, sa peau épaisse est si bien plissée qu'elle fonctionne comme un blindage. À part l'homme, aucun animal ne peut s'attaquer à lui. Rhino enrage : il aurait dû massacrer le Retors plus tôt. Il sait déjà comment il va s'y prendre avec ce rase-mottes, il va tout simplement le piétiner, il ira même jusqu'à le faire à cloche-pied, en jouant à la marelle, pour optimiser les impacts. Et comme il est probable que le Croco partage sa tanière avec quelques congénères, Rhino en sera quitte pour faire du hachis de crocodiles, un guacamole bien vert. Ainsi, fantasmait Rhino Féroce, qui en oubliait son principal point faible : ses emportements dans des colères qui terrifiaient le service commercial mais qui, face à la ruse de Grand Crocodile Retors, constitueraient une faille fatale.

Le grand crocodile avait d'ailleurs anticipé la réaction de son subordonné et l'attendait les mâchoires fermes. Il ne fut aucunement surpris lorsque le Féroce chargea dans une course folle le long du fleuve, dispersant une colonie de sauriens, en embrochant quelques spécimens au passage. Croco avait tout prévu, quelques rapides reptations l'entraînèrent vers une partie boueuse de la rive. À l'odorat, Rhino Féroce savait qu'il allait sur un terrain glissant mais, fou de colère et ivre de massacre, il poursuivit Grand Crocodile Retors qui n'était plus qu'à quelques mètres. Soudain il trébucha et ses quatre pattes s'enfoncèrent dans la vase en l'immobilisant. Il tenta vainement de se désembourber, mais ses tentatives rageuses et désespérées aggravaient son cas : il s'enfonçait plus encore. Le long de la rive, quelques mètres plus loin, Grand Crocodile Retors observait calmement le Féroce de ses yeux mi-clos. Rhino secouait sa corne avec rage : « *Viens te battre, viens te battre !* », criait-il, espérant encore embrocher son ennemi. Celui-ci ne bougeait pas. Tout à coup, le Féroce sentit une morsure sur son arrière-train, une autre sur sa patte arrière gauche, et une autre encore sous son ventre. Sur les conseils du Grand Retors, toute la gent crocodile l'attaquait par derrière pour éviter sa corne. Alors, brutalement, Rhino sut qu'il allait mourir. Les morsures buttaient encore sur sa cuirasse mais elles la perforeraient tôt ou tard. Son agonie fut atroce, longue et douloureuse, jusqu'à ce que ses entrailles se déversent dans le fleuve.

Tout le temps de l'agonie, Grand Crocodile Retors le fixa narquoisement. Ainsi Rhino Féroce l'invincible avait été vaincu, battu par la vase qui s'était dérobée sous ses pieds, écrasé par la ruse de Grand Retors qui, contrairement au rhinocéros trop sûr de sa force, avait étudié la stratégie et utilisé trois principes très simples : énerver l'adversaire, le faire sortir de ses gonds pour l'attirer en terrain dangereux, et utiliser sa force, c'est-à-dire son poids, pour le perdre. Priez une dernière fois, foi de Chouette funéraire, pour Rhino Féroce le naïf.

Jeune Léopard peut-il partir la tête haute ?

Il y a d'autres manières de considérer le problème et d'éviter une issue aussi funeste. Par exemple, imaginons un plan aux antipodes du précédent. Un plan fondé sur un retournement de situation, point clef de toute réflexion stratégique. Le président veut le départ du directeur : au lieu de résister comme dans le cas précédent, pourquoi le directeur ne tenterait-il pas de partir la tête haute dans les meilleures conditions financières possibles ?

Dans ce deuxième cas, il faut reprendre en amont de la scène entre le président et le directeur. Cette fois, notre directeur commercial fait partie de la gent des félins : c'est un léopard. Petit, le léopard est déjà un tueur et celui-ci aspire à devenir une vraie terreur. Jeune Léopard est un géant dans son espèce, il pèse près de 100 kg pour 190 cm de longueur et 80 cm au garrot ; il a une solide expérience de cadre dirigeant et a déjà servi d'exécuteur des basses œuvres du président, ce qui a accéléré sa carrière. Lors de sa nomination, Grand Crocodile Retors l'a convoqué dans son bureau pour lui jouer une grande scène dont il est coutumier : il lui a confié ses nombreux soucis, ses divers maux, son immense lassitude et son grand bonheur d'avoir trouvé en lui un disciple, voire un successeur. Moyennant cet espoir, le grand chef vénéré attend de lui un engagement sans faille. Ce dont le jeune léopard l'a assuré en retour avec le concert de larmes emphatiques qui plaît à la gent crocodilesque.

Ne croyez pas que Jeune Léopard est la dupe de cette intronisation rituelle. Il a déjà la ruse d'un sous-archevêque et il sait bien que les disciples font souvent les frais des perfidies du maître. De ce fait, il est censé anticiper ce qui va se passer si l'échec de l'offensive est avéré. Pour justifier l'échec et expliquer les pertes, il faudra un fusible, et ce sont rarement les présidents qui jouent ce rôle. Même si Tigre Royal, le leader de la grande distribution, n'avait pas exigé ce renvoi arbitraire, il aurait fallu désigner un responsable pour cette offensive ratée et les pertes engendrées. Nous pouvons sans peine imaginer que le président, Grand Crocodile Retors, avait prévu cette possibilité, d'où la nécessité d'impliquer Jeune Léopard en lui confiant la responsabilité de la coordination de l'offensive.

Bref, depuis l'échec de cette offensive, Jeune Léopard sait que sa tête est sur le billot. Panique-t-il pour cela ? Pas du tout, ce sont les risques du métier : les léopards savent qu'ils peuvent finir en décoctions médicinales chinoises, et les crocodiles en sacs à main. Il a donc ralenti son rythme de travail, mis ses dossiers en ordre et calculé le montant de ses indemnités légales et contractuelles, de ses stock-options, en bref la check-list complète du parachute doré qu'il avait pris soin de négocier à son entrée en fonction. Il ne sera même pas étonné par la convocation du président. Son plan pourrait être le suivant :

- ❖ *Objectif* : partir dans les meilleures conditions financières possibles.
- ❖ *Direct* : estimer le montant optimum à obtenir pour son départ.
- ❖ *Indirect* : ne pas protester contre la décision du président.

❖ *Anticipation* : partir sans histoires avec le plus gros chèque possible et offrir ses services à la concurrence.

Jeune Léopard sait que, dans cette situation, le seul objectif possible est de partir dans les meilleures conditions.

Pour la première phase, directe, le léopard, qui avait déjà évalué le montant optimum de ses indemnités légales et contractuelles, a tout juste le temps de multiplier la somme par deux ou par trois, après avoir appris les circonstances dans lesquelles il va être sacrifié.

La deuxième phase, indirecte, qui consiste à ne pas protester contre la décision du président, est fondée sur une évidence : la lutte du pot de terre contre le pot de fer est sans issue. Jeune Léopard accepte donc calmement les arguments de son président et ménage son orgueil blessé pour aborder la phase suivante dans les meilleures conditions.

Pour la troisième phase, l'anticipation, aucune parole n'est nécessaire, Jeune Léopard peut tout simplement inscrire le chiffre sur une feuille de papier qu'il tendra sans un mot au président. Ne pas justifier, ne pas expliquer, ne pas marchander, car chaque argument peut faire surgir un contre-argument et compliquer la situation. Il faut laisser le président prendre tranquillement sa décision, qui ne devrait pas être longue à venir, tant celui-ci sera soulagé de faire partir sans problème le témoin clef de son échec. Quand le président acceptera, Jeune Léopard lui dira sobrement : « *Merci président, et sans rancune* », pour le tranquilliser, puis il sortira.

Conseil tactique, foi de Chouette laconique : ne jamais prolonger un entretien après avoir atteint son objectif, de la même manière qu'il ne faut jamais prolonger les pourparlers d'une négociation après le « *topez-là !* ». Les détails du licenciement seront à voir avec les Ressources Humaines. Si son service est en ordre et que le sous-directeur peut provisoirement prendre le relais, Jeune Léopard n'aura même pas besoin d'effectuer son préavis car la direction craint plus que tout le syndrome de l'éléphant blessé, c'est-à-dire les dégâts psychologiques causés par un dirigeant mis à l'écart pendant son préavis, même si on l'a éloigné dans une filiale.

Ainsi, Jeune Léopard est parvenu à la maturité, à la puissance suprême du prédateur princier. Il peut quitter son poste tranquillement, car s'il a été capable de mettre en œuvre un tel plan, c'est que son sixième sens vibratoire s'est pleinement développé en anticipant les réactions du président. Outre ses indemnités, il part avec l'assurance d'avoir un haut degré d'employabilité. Car un tel savoir-faire lui ouvre de nombreuses portes : tant dans d'autres entreprises du secteur que chez des sous-traitants ou des fournisseurs qu'il pourra faire bénéficier de ses compétences. Cette mésaventure, qui desservait Rhino Féroce mis en situation de victime, ne pourra que renforcer le prestige de Jeune Léopard grâce à la modération et au réalisme dont il a fait preuve. C'est ce qui s'appelle partir la tête haute... et les poches pleines.

Plus encore, le combat final n'a pas eu lieu, ou plutôt, il n'a eu lieu que de manière symbolique, dans ces simulacres d'affrontement que les animaux utilisent quand l'issue du combat paraît douteuse. Grand Retors a une expérience unique, mais le niveau des performances requises favorisait la jeunesse. En effet, notre léopard est non seulement assez fort pour tuer des proies plus grosses que lui (phacochères, antilopes, etc.) mais la puissance de son thorax, de ses pattes, de ses omoplates, lui permet de jucher ses victimes jusqu'à une branche d'arbre haute pour les mettre hors de portée des autres prédateurs terrestres. De plus, il possède au même degré que son chef crocodile ce sixième sens qui permet d'anticiper les mouvements d'un adversaire grâce à la perception des vibrations de ses déplacements. En cas de combat, la tactique de Jeune Léopard était prévue de longue date : bondir sur la tête du crocodile, lui labourer les yeux à coups de griffes pour l'aveugler, puis le harceler jusqu'à l'épuisement avec la sournoiserie féline qui fait du léopard le symbole du mal instinctif dans les légendes africaines. Pourtant ce plan n'est qu'un dernier recours ; Léopard sait avoir affaire à un adversaire redoutable et que la lutte ne sera pas sans risques. C'est pourquoi son plan principal est de négocier. Jeune Léopard ignore les vaines colères, sa froideur est sa force. Parmi les animaux, seul l'homme est assez fou pour combattre son semblable au moindre prétexte.

C'est le rendez-vous qui a servi de rituel d'affrontement. Dans les positions respectives des deux protagonistes, le sixième sens des animaux a joué à fond, pas d'attaque inconsidérée, des menaces informulées dans l'attitude, des esquives dans le discours, jusqu'à ce que chacun d'eux se convainque du caractère incertain de l'affrontement. Un petit rituel de soumission hiérarchique pour finir. Juste pour sauver la face au Grand Retors et rendre acceptable la victoire du léopard. Mais il y a d'autres possibilités, plus offensives.

Post-scriptum offensif d'Anaconda

Imaginons un nouveau cas de figure, le directeur commercial est une directrice, un anaconda femelle, water boa constrictor géant de près de 8 m et de 250 kg, qui a pour particularité de tendre des embuscades et d'étouffer ses victimes dans des étreintes mortelles. Le plan d'Anaconda est le même que celui de Jeune Léopard avec une différence en aval : la femelle anaconda est une spécialiste de la séduction et de la vengeance, ce qui nous garantit un final beaucoup plus dramatique.

La progression de la carrière du reptile a suivi un cycle rapide car, foi de Chouette machiste, Anaconda « couche » pour monter en grade. Vous allez objecter que les hommes aussi…, que cette version commence mal, qu'elle est sexiste, etc. Vous aurez raison, mais le monde animal est beaucoup plus sexiste que le monde humain, en pleine bonne conscience. Le fait que les femelles s'offrent contre protection et nourriture est la chose la plus naturelle du monde, puisque les animaux ne font pas de différence entre sentiments et intérêts. Sexiste, je le suis peut-être… traumatisée, sûrement ! Depuis ma naissance, on m'appelle LA Chouette alors même que je suis un mâle. C'est un drame central de mon existence. Je fais partie de ces rares espèces, comme les baleines, ou les hyènes, qu'on désigne au féminin. J'aurais tellement aimé être appelé LE Chouette ! Hélas, je suis trahie par le langage lui-même, alors permettez que je me venge un peu sur le genre féminin.

Revenons à Anaconda, qui séduit ses supérieurs hiérarchiques, les enlace voluptueusement de sa peau satinée et provoque des orgasmes inédits en faisant vibrer ses anneaux. Même Grand Crocodile Retors, qui est d'un âge avancé, s'est laissé prendre à la magie de son étreinte. Toutefois, ne croyez pas qu'Anaconda se laisse emporter par les émois qu'elle provoque. Elle est secrètement frigide, et le spectacle du rut, puis de la transe dans laquelle elle plonge ses amants, augmente son mépris pour la gent masculine. Ses aventures ne durent jamais longtemps : elle séduit pour être promue, quelques étreintes en échange, jusqu'à ce que soient consolidés tous les privilèges afférents à son nouveau poste, puis elle entame une rupture graduée en fonction des circonstances. Inutile d'insister longuement sur le fait que ses partenaires ne goûtent guère cette interruption d'orgasme, qui fait clairement apparaître la manipulation dont ils ont été victimes et qu'ils tentent ensuite de lui faire payer. Et c'est là que commence le deuxième cycle, celui de la vengeance. Anaconda encaisse les offenses avec une apparente impassibilité et prépare ses pièges avec le sang-froid des reptiles, capable de resserrer les anneaux de son étreinte à chaque expiration de l'adversaire, jusqu'à l'étouffer. Pour assouvir ses pulsions meurtrières et préparer son piège, elle accumule patiemment les dossiers, souvent sur ses ennemis mais, surtout, sur le fonctionnement du système : ce qui va lui permettre d'utiliser toutes les ressources procédurales pour étouffer ses victimes.

Dès le début de l'offensive du Retors, dont la méthode fruste lui semblait vouée à l'échec, elle a su qu'elle serait la victime désignée en cas d'insuccès. Grand Crocodile Retors, qui l'appréciait pour ses compétences, se méfiait tout de même particulièrement d'elle et préparait sa chute depuis leur rupture, qui avait mortifié son orgueil. Il savait qu'elle est la seule prédatrice susceptible de contrer ses attaques en s'enroulant autour de sa mâchoire pour l'empêcher d'utiliser ses dents tranchantes. En préparant l'offensive avec ses homologues (les directeurs commerciaux des entreprises agroalimentaires alliées), Anaconda a réuni un dossier détaillé sur l'ensemble des prix, des marges, des méthodes et des procédures de négociation qu'ils utilisaient face à la grande distribution. Un dossier tellement complet qu'il représente une compétence à lui seul. Après son licenciement, tout aussi profitable que celui de Jeune Léopard, c'est avec ce trésor de guerre qu'elle ira directement frapper à la porte de Tigre Royal, puis avec la recommandation de ce dernier, à celle du syndicat de la grande distribution.

Tigre Royal, leader de la grande distribution, aurait été heureux d'embaucher Anaconda. Il n'avait pas le moindre regret d'avoir demandé sa tête, ceci n'avait rien de personnel, il s'agissait seulement d'humilier Grand Crocodile Retors. Anaconda l'avait bien compris et ne lui en tenait pas rigueur. Plus encore, en allant voir Tigre Royal, elle savait qu'il voudrait l'embaucher, d'une part pour parachever l'humiliation du président, et d'autre part pour faire bénéficier son service des acquis de son expérience et faire face aux fournisseurs en toute connaissance de cause. Cette proposition d'embauche aurait pu déboucher sur un pont d'or une fois qu'elle l'aurait informé du contenu du dossier qu'elle détenait.

Mais la concurrence entre les cadres dirigeants étant particulièrement rude chez Tigre Royal, personne, après la trahison d'Anaconda, ne lui fera assez confiance pour lui donner un poste clef. Même pour un salaire moindre, Anaconda préférait le syndicat de la grande distribution, structure plus modeste mais idéale pour coordonner l'action des services d'achat de toutes les grandes enseignes d'hypermarchés contre leurs fournisseurs et, principalement, contre l'entreprise de Grand Crocodile Retors. Moyennant la promesse de favoriser Tigre Royal dans cette contre-offensive, elle obtint sans mal son aide pour entrer au syndicat de la grande distribution où la concurrence entre cadres dirigeants était beaucoup moins rude et où elle était sûre d'entrer à la direction, grâce au savoir qu'elle détenait. C'est ce qui arriva, après qu'elle eût institué un séminaire de formation indispensable aux acheteurs de la grande distribution. Grâce à son expérience et à son dossier, elle leur apprit à beaucoup mieux étrangler leurs fournisseurs et, tout particulièrement, Grand Crocodile Retors, qui vit ses marges se réduire comme peau de chagrin. Aujourd'hui, elle dirige le syndicat, elle a gardé ses actions de l'entreprise de Grand Crocodile Retors, en a accumulé de nouvelles et attend le prochain faux pas de son ex-patron pour précipiter la curée des actionnaires. Anaconda décidera même, peut-être, de reprendre le fauteuil de Grand Crocodile Retors et de reconstituer les marges de l'entreprise grâce au nouveau dossier qu'elle est en train de monter sur les mœurs de la grande distribution.

Un plat qui se mange froid

Mais ce n'est pas encore assez. Le besoin de vengeance est impérieux pour Anaconda. La défaite de Grand Retors ne lui suffit pas. Elle veut sa mort. Elle n'a ni la naïveté de Rhino Féroce, ni la modération de Jeune Léopard. Elle veut faire de cette mort une épopée funeste. Elle a capturé la chèvre du père Seguin. À demi immergée, Anaconda tire la caprine le long de la berge du fleuve. Lentement, elle approche la bauge du Retors, en traînant la chèvre qui bêle à pierre fendre. Maître Croco, par ses cris alerté, se dit : « *En voici, de chèvre, un fromage* », et progresse vers sa proie. L'Anaconda recule doucement en entraînant la chèvre, qui bêle et tremble de surcroît. Il faut absolument éloigner Grand

Retors de la tribu crocodile qui pullule en deçà. Une fois la distance établie, Anaconda maltraite un peu la chèvre, qui redouble de bêlements. Le Croco s'approche et, repérant la biquette sans défense, se jette sur elle.

Au même moment, Anaconda a lâché la chèvre et fait décrire un demi-cercle à son corps sous l'eau, pour prendre le Grand Retors par derrière. Pendant que celui-ci s'approche de la bique, la grande anaconda se déploie et, vive comme un lasso, enserre Grand Crocodile Retors de trois anneaux. Le premier enserre la gueule du crocodilien : c'est ce qui s'appelle clouer le bec. Le deuxième anneau enveloppe les pattes avant du monstre, et le troisième bloque ses postérieurs. Voici Grand Croco immobilisé. La posture de l'étreinte sexuelle s'est transformée en un piège mortel. Grand Crocodile Retors tente bien de se débattre et donne des coups de queue puissants, mais les anneaux du boa sont souples et solides. Rien ne lui ferait lâcher sa proie. À chaque inspiration du crocodile, sans interrompre sa nage, le serpent aquatique ressert ses anneaux qui pressent les mâchoires, les clouant l'une sur l'autre, brisant toutes les dents. Les deux autres anneaux brisent les courtes pattes du Croco, maintenant mutilé à jamais. Anaconda accentue la pression mais, avant d'étouffer complètement sa victime terrorisée, elle en déguste les yeux comme des friandises. Où est-elle passée la morgue sans pareille que Grand Crocodile affichait ? L'anaconda va le lâcher, brisé, étouffé, bon pour le dépeçage. Or voici qu'avant qu'elle ait eu le temps d'avaler la bête, un banc de piranhas surgit et lui dispute sa proie. Elle devra fuir sans gloire, sa vengeance incomplète, frustrée de sa victoire par plus petits qu'elle. Et Grand Crocodile Retors meurt misérablement, dévoré sans merci, comme toutes les proies que dans sa vie il a meurtries.

Ainsi, en tentant de rétablir la vérité et en essayant légitimement de se défendre, Rhino Féroce est détruit professionnellement et personnellement. Au contraire, en acceptant de payer pour un autre, en pratiquant un cynisme tranquille, Jeune Léopard part la tête haute et les poches pleines. Pendant qu'Anaconda, frustrée d'une partie de sa vengeance, a repris le fauteuil de Grand Crocodile Retors. Mais qui dévorera le nouveau vainqueur ?

Il y a plusieurs leçons à tirer de ce premier cas : savoir anticiper un changement de poste ; comprendre la place de la « vérité » et de la morale dans un conflit ; et, surtout, voir le retournement stratégique que nous avons observé entre le premier et le second plan d'action. Parole de Chouette girouette, nous y reviendrons. Passons d'abord à un nouveau cas pour ancrer les caractéristiques du raisonnement stratégique.

La faute professionnelle lourde

La scène se passe dans la direction régionale d'une entreprise simienne de construction. Pendant les vacances du mois d'août, le directeur régional Babouin Rageur, qui prend ses congés, a délégué la responsabilité d'un chantier à deux de ses principaux collaborateurs, Chimpanzé Schizo et Macaque Hurleur, deux ingénieurs de même rang hiérarchique. Chimpanzé est conducteur de travaux et travaille principalement avec les chefs de chantier. Macaque a un rôle plus technico-commercial de responsable des achats, et s'occupe plus particulièrement des matériaux, des coûts et des livraisons avec les fournisseurs et les sous-traitants. Le chantier doit être livré le 30 septembre.

En revenant de ses vacances, le 1er septembre, Babouin Rageur est convoqué au siège de l'entreprise où il se fait tancer d'importance par Gorille Doré, le président. En août, une série de petits retards et d'incidents se sont enchaînés. Le résultat final est que le chantier a pris 15 jours de retard et que l'entreprise risque d'avoir à payer d'importantes indemnités de retard au client. Le problème est d'autant plus grave que ce client, qui négocie au niveau de la direction générale, a plusieurs autres chantiers en cours de négociation avec l'entreprise.

Les deux ingénieurs ont leur part de responsabilité dans ce retard : en amont, Chimpanzé Schizo, le commercial, n'a pas pu, compte tenu de la période estivale, se faire livrer certaines des fournitures et des prestations à temps ; en aval, Macaque Hurleur, le conducteur de travaux, n'a pas adapté à ces aléas son planning de travail et ses effectifs, par ailleurs limités par les vacances. De fait, les deux ingénieurs n'ont pas anticipé ces retards suffisamment tôt : chacun des incidents était de peu de gravité et, au moment où leur accumulation a provoqué le retard global, il était trop tard pour identifier un responsable chez les sous-traitants ou les fournisseurs. L'entreprise ne peut donc pas se retourner contre eux pour leur faire supporter tout ou partie de la responsabilité et des indemnités de retard.

Le président, Gorille Doré, reproche à Babouin Rageur, le directeur régional, de ne pas être revenu de vacances plus tôt pour pouvoir réagir. Babouin Rageur essaie de se défendre en arguant que s'il annulait ses vacances pour chaque livraison de chantier, il ne pourrait jamais en prendre et que jusqu'ici la délégation avait toujours bien fonc-

tionné dans son équipe. Mais ses arguments ne font qu'échauffer la colère de Gorille Doré qui fait clairement comprendre au babouin qu'il lui faudra une, voire plusieurs têtes, pour cette faute professionnelle lourde.

Donc, après s'être fait copieusement reprocher l'incurie de son service, après avoir essuyé de dures critiques et avoir été menacé de licenciement pour faute professionnelle lourde, Babouin Rageur revient furieux à son siège régional et convoque les deux ingénieurs. Quels sont les objectifs respectifs des trois protagonistes ? Que doit faire Babouin Rageur dont le management est remis en cause par sa hiérarchie ? Que doivent faire les deux ingénieurs pour se sortir au mieux de cette affaire ?

Rapide analyse stratégique

Dans ce deuxième cas, le facteur clef du conflit est la colère du président, Gorille Doré, et son exigence de faire tomber une ou plusieurs têtes pour cette faute professionnelle lourde. Sans cette menace du président, que Babouin Rageur peut prendre aussi bien pour lui que pour ses collaborateurs, le rendez-vous avec les deux ingénieurs pourrait être juste dédié aux moyens de minimiser ou de rattraper le retard. La colère de Gorille Doré est au demeurant largement justifiée par le fait que le client, qui négocie au niveau de la direction générale, a plusieurs autres chantiers en cours de négociation avec l'entreprise. Nous pouvons donc comprendre que la menace du Doré vise, d'une part, à mettre la pression sur Babouin Rageur pour que le chantier se termine au mieux et au plus vite et, d'autre part, à montrer au client que l'entreprise se soucie de ses intérêts.

Que cette menace de Gorille Doré soit légitime ou pas, elle peut se comprendre. Et elle déclenche une dynamique de recherche des responsabilités. Le premier réflexe bestial du babouin va être de désigner un, voire deux fusibles : c'est-à-dire d'établir la responsabilité des ingénieurs pour que la sanction tombe sur eux et non sur lui. Ajoutons qu'un licenciement pour faute professionnelle lourde avérée ne permet pas d'obtenir d'indemnités de licenciement et que ce n'est pas vraiment un atout pour trouver un nouvel emploi.

Là encore, foi de Chouette prud'homale, le cas est assez classique, la plupart d'entre nous avons vécu ce type de situation où, après une faute grave, dont la responsabilité n'est pas clairement identifiée, nous voyons s'enchaîner une vague de délations réciproques qui achève de porter l'animosité générale à son comble. La scène figure même au début de la Bible, c'est tout simplement celle qui suit le Péché Originel. Après qu'ils aient transgressé la seule règle que Dieu leur avait donnée pour vivre au Jardin d'Éden, ne pas manger le fruit de l'Arbre de la Connaissance, et quand l'Éternel les fait comparaître, Adam dénonce Ève, qui dénonce le Serpent. La punition infligée ne tient aucun compte du fait que c'est Jéhovah Lui-même Qui a installé l'Arbre de la Connaissance dans le jardin, que c'est Lui Qui a attiré l'attention d'Adam et d'Ève sur les fruits ; le péché originel devrait, en toute logique, être attribué à la toute-puissance du Créateur plutôt qu'à l'infinie faiblesse de Ses créatures. Au Ciel non plus, ce n'est jamais le chef qui trinque...

Babouin Rageur et la logique directoriale du fusible

Dans ce type de situation, l'objectif le plus courant que se donne le directeur est pratiquement toujours celui de la recherche du fusible. Ce n'est pas nécessairement l'objectif le plus performant, mais il est psychologiquement approprié à la scène que Babouin Rageur a subie dans le bureau de Gorille Doré. Le président, furieux, frappait sur sa poitrine et sur son bureau en hurlant ; ses bras puissants, dont l'envergure dépasse 1,80 m, faisaient un boucan terrifiant. Le babouin multipliait les mimiques de soumission et les jappements plaintifs, dans une posture quasi rampante, sans parvenir à calmer la colère du gorille. Malgré le fait qu'il soit lui-même un mâle puissant, et qu'il ait fidèlement servi l'entreprise et son président depuis de nombreuses années, le babouin ne s'était jamais senti aussi menacé. Car son management et son poste sont remis en cause par cette faute lourde. Si le retard n'est pas rattrapé, le président va demander des comptes : soit obtenir la tête d'un, ou des deux ingénieurs, suffira à le calmer, soit il exigera également celle de Babouin Rageur. Et le babouin sait que quand les gorilles tuent un adversaire, ils éliminent également la descendance des vaincus. Ce n'est pas seulement son travail, mais sa famille qui sont menacées. Dans un contexte aussi funeste, le directeur n'a pas l'intention de partir seul, ni d'épargner ceux qui l'ont mis dans cette situation. Pendant le rendez-vous avec les deux ingénieurs, il sera attentif à tout argument qui lui permet de rejeter la faute sur eux. Dans cette perspective, le plan mis au point par Babouin Rageur est à peu près le suivant :

- *Objectif* : établir la culpabilité d'un ou des deux ingénieurs.

- *Direct* : jouer les deux primates l'un contre l'autre pendant le rendez-vous.

- ❖ *Indirect* : se servir de leurs arguments contradictoires pour établir leur culpabilité respective.

- ❖ *Anticipation* : constituer un dossier pour les offrir en pâture à Gorille Doré.

Avant d'aller plus loin dans le raisonnement, voyons comment cette attitude prévisible du directeur conditionne la stratégie des ingénieurs.

L'affrontement des primates

Les deux ingénieurs, qui se doutent qu'ils jouent leur tête, reproduisent le schéma du babouin, et chacun d'eux tente de concevoir un plan visant à rejeter la faute sur son collègue en se justifiant par avance avec un objectif unanime : sauver sa peau. Leur plan est plus ou moins le suivant :

- ❖ *Objectif* : sauver sa peau.

- ❖ *Direct* : démontrer la culpabilité de son collègue et sa propre « innocence ».

- ❖ *Indirect* : aider le directeur à monter un dossier contre l'autre collègue.

- ❖ *Anticipation* : aider le directeur à terminer le chantier.

Dans leur polémique, Macaque Schizo, le conducteur de travaux, évoquera les retards de livraison qui ont désorganisé le travail, et Chimpanzé Hurleur, le responsable des achats, appuiera sur les problèmes de planning et de main-d'œuvre qui n'ont pas été gérés avec assez de souplesse. Ce faisant, chacun d'eux donne à Babouin Rageur des arguments contre l'autre, et ils se fragilisent mutuellement. Entre eux deux, l'attelage est inévitablement dissymétrique : le chimpanzé est un communicateur, un technicien ingénieux, mais il a une nette tendance au jeu individuel ; au contraire, le macaque a la fibre communautaire aussi développée que ses callosités fessières. La scène qui suivra est prévisible, cris et harcèlements vont s'échanger dans un vacarme croissant. Les aboiements rageurs du babouin, les hurlements stridents du chimpanzé et les caquètements affolés du macaque vont peu à peu dégénérer en une gigue frénétique où, toute dignité mise au rancart, les deux ingénieurs reviennent à leur nature profonde de primates et se poursuivent à travers le bureau en bousculant chaises et classeurs, en multipliant les postures de défi. Sans oublier, au passage, quelques simagrées de soumission envers leur supérieur, aussi excité que ses subordonnés. Bref un gâchis total qui va sceller le sort tragique des deux ingénieurs.

Le plus fort étant que, même si les deux primates ont anticipé le plan du directeur, qui est de diviser pour régner, ils risquent tout de même de tomber dans le piège de l'affrontement. En effet, chacun d'entre eux est venu avec son dossier, en sachant que sa tête est en jeu et, en répondant aux questions de Babouin Rageur, ils auront naturellement tendance à minimiser leurs fautes et à grossir celles de l'autre. Mais, même si d'aventure l'un des deux a raison, il peut enfoncer l'autre avec des preuves sans se tirer d'affaire pour autant. En effet, il est rare qu'on puisse démontrer complètement la faute de l'un et l'innocence de l'autre : ils étaient tous les deux responsables et, en admettant que l'un d'eux soit plus particulièrement coupable, l'autre aurait dû se concerter avec lui, pendant une bonne séance d'épouillage réciproque et confraternelle, puis il l'aurait aidé à régler ses problèmes.

Dans sa recherche de fusible, le babouin n'a pas intérêt à faire dans le détail ; il va aggraver la polémique entre les deux ingénieurs, y compris en acceptant les critiques les moins fondées, pour bétonner son dossier. Ainsi, même si l'un des ingénieurs, voire les deux, ont une attitude initialement coopérative, la polémique, attisée par le directeur, se figera invariablement en opposition stérile. Alors Babouin Rageur aura tous les arguments pour les utiliser tous les deux comme fusibles et aucun des deux primates n'atteindra son objectif : sauver sa peau.

La théorie des jeux

Il est clair que l'affrontement des deux primates devant le babouin est la pire des choses. C'est d'ailleurs un piège, assez visible, contenu dans la formulation même du cas. Comment se fait-il que des bestiaux, pourtant cadres supérieurs ou dirigeants, puissent tomber dans un piège aussi grossier ? D'abord, à cause du contexte de conflit, qui pousse à penser que le jeu consiste à affronter l'adversaire, ce qui n'est pas forcément le cas. Ensuite, en raison du fait que les ingénieurs se préparent séparément pour ce rendez-vous. Enfin, et surtout, à cause d'un raisonnement en forme de cercle vicieux qui a très bien été formalisé par la théorie des jeux.

Imaginez deux pays qui se préparent à la guerre et qui ont rompu toute communication. Le déclenchement des hostilités va donc dépendre d'un raisonnement tenu isolément par chacun des deux protagonistes. Ce raisonnement est simple, logique et brutal : si l'adversaire se prépare à attaquer, il faut agir le premier pour bénéficier de la surprise ; s'il ne se prépare pas encore à l'attaque, il y a encore plus intérêt à l'attaquer pour prendre l'avantage pendant qu'il n'est pas encore prêt. Dans les deux cas, pour se prémunir contre toute surprise, chacun des deux pays a intérêt à faire la guerre, quand bien même chacun d'eux préférerait la paix. Un raisonnement bestial, d'une rigueur sans faille. Ce que montre la théorie des jeux, c'est que sans communication, sans diplomatie, sans médiateur, il est impossible de sortir de ce cercle vicieux.

Ainsi, même lorsque les protagonistes du cas ont éventé le piège, même lorsqu'ils savent que s'affronter devant un supérieur hiérarchique est la pire des choses dans la perspective d'un renvoi pour une faute professionnelle, ils préparent tout de même des arguments contre leur « adversaire », au cas où celui-ci les attaquerait en premier. Se mettant ainsi en situation de rivalité potentielle, le moindre incident, la moindre incompréhension, déclenchera la crise que les deux souhaitent éviter. Plus encore, même si l'un des deux primates adopte une attitude coopérative, cela le met dans un état de faiblesse dont son adversaire va profiter. Les arguments de son rival auront alors vite fait de le ramener à une situation d'affrontement.

Ajoutons que le raisonnement de la théorie des jeux s'applique non seulement à l'opposition des deux ingénieurs mais également à l'opposition entre Babouin Rageur et ses deux ingénieurs. Le fait de démontrer la faute de l'un ou des deux ingénieurs ne garantit aucunement que le directeur pourra lui-même sauver sa tête : en vacances ou pas, il est responsable de ses subordonnés. Le dossier qu'il peut réunir contre eux peut être considéré comme un aveu de son incompétence, surtout par Gorille Doré, comme une tentative d'échapper à ses responsabilités et finalement comme un argument pour son propre renvoi. Ainsi, même s'il est psychologiquement justifié par la menace du président, le conflit est la pire des solutions pour chacun des trois protagonistes.

Retournement de perspective

Peut-on imaginer une hypothèse coopérative ? Partons d'un autre postulat. Soit les deux ingénieurs préparent chacun un plan coopératif, soit, mieux encore, ils concoctent ce plan coopératif ensemble. Quelle va être leur argumentation ? Leur défense sera-t-elle plus solide s'ils expliquent raisonnablement pourquoi ils ont eu du retard ? Pourront-ils « sauver leur peau » ensemble ? Eh bien non, pas de cette façon. D'une part, cette explication est trop tardive, la faute a été commise. Et surtout, à ce moment, une explication, même rationnelle, ne fait pas avancer le problème, elle ne suffira même pas à calmer la colère du babouin qui, comme précédemment, se servira de leurs explications pour les incriminer. En fait, il y a deux difficultés à résoudre : d'abord, les premiers objectifs invoqués, tant pour Babouin Rageur (trouver un fusible) que pour les ingénieurs (sauver leur peau) ne sont pas pertinents et, surtout, il faut trouver le moyen de calmer le babouin directeur, de le désarmer momentanément pour envisager une suite plus constructive.

Premièrement, s'occuper de l'objectif, dont il faut souligner l'importance. Une bonne stratégie est inutile si l'objectif n'est pas pertinent. De manière générale, un objectif égoïste tel que « sauver sa peau » est rarement une bonne chose. Quand il y a un problème commun, il faut proposer une solution commune, c'est-à-dire prendre en compte l'intérêt général pour rassembler tout le monde autour d'une stratégie. Un objectif égoïste ou négatif, qui rassemble nécessairement moins de monde, n'a pas la même efficacité. Nous avons vu que l'objectif consistant à sauver sa peau est illusoire. Mais, même si, par extraordinaire, l'entretien se passait bien, aucun des protagonistes ne serait hors de danger pour autant. Il faudra attendre la fin du chantier et les conséquences du retard pour savoir s'ils peuvent se sortir d'affaire. Dès lors, autant adopter le véritable objectif : terminer le chantier au plus vite et, si possible même, rattraper ce retard au meilleur coût. Cet objectif a au moins trois mérites indéniables : d'abord, au-delà de cet entretien, c'est le véritable objectif du président, du directeur et des deux ingénieurs ; ensuite, cet objectif est positif, il permet d'envisager une solution commune au problème ; enfin, il donne au directeur et à ses deux ingénieurs une échéance plus longue pour essayer de rattraper le retard.

Deuxièmement, comment calmer Babouin Rageur ? Ce cynocéphale, c'est-à-dire à tête de chien, jappe encore de colère après la scène qu'il a subie dans le bureau de Gorille Doré. Rien de positif ne pourra se faire avant que les deux ingénieurs aient trouvé le moyen de le calmer. Le problème est simple, il n'y a qu'une chose qui puisse l'apaiser, il veut une tête, voire deux : il faut donc lui donner les deux têtes d'entrée de jeu. Dans cette hypothèse, les ingénieurs ne prennent finalement pas plus de risques que dans la phase précédente où ils essaient de sauver leur peau sans y parvenir. Au lieu de rester dans un affrontement direct, que ce soit entre les deux ingénieurs, ou entre les deux primates et Babouin Rageur, le fait que les deux ingénieurs mettent leur tête sur le billot permet de calmer le jeu, de rassurer le directeur, d'obtenir une coopération momentanée et de passer à une phase plus constructive.

Examinons ce retournement plus avant. Dans de nombreuses circonstances analogues, lorsque nous devons nous justifier d'une faute devant un supérieur, nous tentons d'expliquer rationnellement pourquoi nous avons fait cette faute. Ce faisant, nous donnons nous-mêmes à ce supérieur des verges pour nous battre, c'est-à-dire tous les arguments qu'il pourra utiliser contre nous en cas de sanction. Imaginons un autre scénario. Vous venez de faire une très grosse bêtise, vous paraissez devant votre supérieur et d'un air catastrophé vous lui dites : « *Sur ce coup, j'ai été mauvais, mais nul, nul, etc.* » Quelle va être sa réaction ? Si jusque-là vous avez fait un travail correct et qu'il vous connaît depuis un moment, il y a de grandes chances pour qu'il réponde : « *Cela peut arriver...* » Pourquoi ? Parce que s'il travaille avec vous depuis longtemps et qu'il ne s'est pas aperçu que vous êtes nul, cela veut dire qu'il est encore plus nul que vous et, cela, il ne peut l'accepter. Précision importante : cela ne marche qu'une fois... La deuxième, votre supérieur croira volontiers que vous êtes nul, il se souviendra même de l'avoir pensé la fois précédente ! Nous reviendrons sur ce retournement qui mérite de plus amples explications mais, pour l'instant, qu'en est-il du plan d'action de nos ingénieurs ?

Un plan coopératif du macaque et du chimpanzé

Imaginons donc un plan à partir d'un nouvel objectif, positif celui-là : terminer le chantier au plus vite. Imaginons qu'un des deux ingénieurs, au lieu d'être un macaque hurleur et caractériel, soit une ingénieuse, macaque femelle dominante en raison du large réseau d'alliances qu'elle entretient dans notre entreprise simienne. Au lieu de hurler comme le macaque mâle, Macaque Femelle est une artiste de la réconciliation, procédant par étreintes, toilettages et gros câlins maternants. En effet, dans les sociétés de primates, et particulièrement chez les macaques, être le plus fort ne suffit pas pour occuper une position de dominant, il faut également le plus large réseau d'alliés possible pour obtenir un soutien en cas de conflit. Et, pour cela, le moyen le plus efficace est d'épouiller régulièrement sa parenté. Macaque Femelle a donc été voir Chimpanzé Schizo, l'a longuement toiletté et câliné en lui murmurant son plan à l'oreille.

- *Objectif* : terminer le chantier au plus vite.

- *Direct* : les ingénieurs mettent leur tête sur le billot, en confirmant leur responsabilité commune, pour désarmer la colère du directeur.

- *Indirect* : ils présentent une liste de moyens pour réduire le retard à un coût minimal.

- *Anticipation* : ils mettent ces moyens en œuvre et parviennent à réduire le retard.

Le principal avantage du nouvel objectif positif, qui est de terminer le chantier au plus vite, est qu'il rassemble les efforts des trois protagonistes au lieu de les opposer.

La première phase, directe, consiste d'abord à désarmer la colère de Babouin Rageur. S'il en est encore à chercher un fusible, en voici deux ; il peut donc se calmer et voir venir la suite, et on peut passer à l'étape suivante. Ensuite, cela permet également aux ingénieurs de montrer qu'ils continuent d'être responsables, en assumant leurs erreurs mais également en proposant des solutions au problème qu'ils ont créé. Une fois Babouin Rageur momentanément calmé par leur soumission, Macaque Femelle et Chimpanzé Schizo se sont mis à deux pour le papouiller et le décontracter. Le voici maintenant prêt à écouter la suite.

La deuxième phase, indirecte, consiste à expliquer au babouin anesthésié les moyens que les deux ingénieurs ont listé pour réduire ou rattraper le retard. Il faut, bien sûr, que ces moyens soient à la hauteur du problème et que les coûts ne rognent pas trop les bénéfices attendus. Si ces conditions sont réunies, le directeur aura besoin d'eux pour finir le chantier ; les renvoyer tout de suite risquerait d'augmenter encore le retard et les coûts.

La troisième phase, l'Anticipation, se fonde sur plusieurs facteurs décisifs pour les deux ingénieurs : anticiper sur ce rendez-vous, qui était prévisible ; anticiper le piège principal consistant à s'accuser l'un l'autre sans proposer de solution ; anticiper la suite en construisant un plan ensemble et en proposant des moyens de rattraper le retard ; et, surtout, mettre ce plan en œuvre avec efficacité pour démontrer qu'ils savent rattraper leurs erreurs, car c'est là qu'ils seront jugés au final.

Dans l'entreprise, on ne renvoie pas les gens juste parce qu'ils ont fait une faute. Si c'était le cas, il n'y aurait plus beaucoup de salariés. Tout au long de la vie, les erreurs font partie de la formation, si on apprend à y remédier. On renvoie les gens quand ils n'assument pas leurs erreurs, quand ils sont incapables de les rattraper, ou encore quand ils n'apprennent rien et qu'ils refont les mêmes fautes. En revanche, un individu qui assume et rattrape ses erreurs, qui en tire les leçons nécessaires, est quelqu'un qui progresse. Nos trois primates ont donc jusqu'à la fin du chantier pour faire la preuve de leurs qualités professionnelles, de leur capacité à rattraper leur erreur et, également, de protéger leur directeur qui pourra s'attribuer leurs idées si elles fonctionnent. C'est le moins que puissent faire les deux ingénieurs : ayant été à l'origine du problème, ils doivent, en toute loyauté, décharger le Babouin des conséquences fâcheuses.

Retour au plan de Babouin Rageur

Pour aller jusqu'au bout du problème, et puisque nous venons de faire état d'un plan « vertueux » des ingénieurs, tentons la même chose pour le directeur. Imaginons un babouin vertueux, courageux et responsable. Remontons même un peu en arrière, à son rendez-vous avec Gorille Doré : comment un champion de vertu aurait-il pu réagir sans céder aux menaces de son supérieur ?

- ❖ *Objectif* : assumer ses responsabilités.

- ❖ *Direct* : admettre immédiatement sa responsabilité dans les erreurs de ses collaborateurs.

- ❖ *Indirect* : proposer de réduire ou de rattraper le retard à moindre coût.

- ❖ *Anticipation* : offrir sa tête au président si celui-ci n'est pas satisfait du chantier terminé.

Tout ce que nous avons dit plus haut sur la stratégie des deux ingénieurs face à Babouin Rageur s'applique maintenant au babouin face à son président, Gorille Doré. L'objectif va de soi : assumer ses responsabilités est le lot de chacun dans l'entreprise comme dans la vie. D'abord, le Direct : en admettant sa responsabilité dans les erreurs de ses collaborateurs, vacances ou pas, Babouin Rageur apparaît comme un professionnel sur qui Gorille Doré peut compter, surtout en cas de difficultés.

Ensuite, l'Indirect : en proposant de réduire ou de rattraper le retard à moindre coût, le directeur se rend indispensable jusqu'à la fin du chantier, ce qui lui permettra de faire la preuve de ses capacités professionnelles. Enfin, l'Anticipation : le babouin, en offrant sa tête au président si celui-ci n'est pas satisfait du chantier terminé, répond à sa demande de sanction et désarme sa colère... jusqu'à la fin du chantier.

Si un directeur vertueux a été capable d'une telle attitude devant son président, il est évident que son plan d'action face à ses deux ingénieurs sera également très différent :

- ❖ *Objectif* : terminer le chantier au mieux et au plus vite.

- ❖ *Direct* : repousser à plus tard la recherche des responsabilités et l'analyse des erreurs.

- ❖ *Indirect* : se concentrer sur les moyens permettant de réduire ou de rattraper le retard.

- ❖ *Anticipation* : ressouder son équipe dans l'action pour terminer au mieux le chantier.

Inutile de commenter longuement le retournement de perspective par rapport au plan précédent, dont l'objectif était de démontrer la culpabilité des deux ingénieurs. Inutile également de préciser minutieusement que ce dernier plan est beaucoup plus efficace pour terminer le chantier dans les meilleures conditions. Une remarque pourtant, sur les deux ingénieurs : s'ils ont évité les pièges et sont parvenus à présenter un plan vertueux, c'est qu'ils ont pensé comme aurait pensé un directeur. Pour résoudre un problème avec autrui, il faut être capable de penser « comme l'autre », « avec la tête de l'autre ». Un des principes de la stratégie réside dans ce retournement.

En stratégie, soyez logique : pensez à l'envers !

Première leçon de la Chouette

Nous avons vu deux cas : « La tête sur le billot » et « La faute professionnelle lourde ». Il y a au moins trois leçons importantes que nous pouvons synthétiser :

- l'importance de l'objectif dans le raisonnement et, plus particulièrement, d'un objectif positif ;

- l'importance des stratégies coopératives, souvent supérieures aux stratégies conflictuelles ;

- l'importance de la logique des retournements de situation, qui sont l'essence même de la stratégie.

L'importance de l'objectif

La première leçon à tirer du cas est l'importance de l'objectif, qui conditionne toute stratégie. Comme Clausewitz l'écrit dans son ouvrage *De la guerre*, l'objectif, de nature politique, conditionne la stratégie, de nature militaire. C'est ce que signifie sa phrase célèbre : « *La stratégie est la continuation de la politique par d'autres moyens.* » Un objectif politique non pertinent, même servi par un excellent stratège militaire, ne pourra entraîner que des victoires à la Pyrrhus, dont les conséquences seront aussi dommageables que celles d'une défaite.

Pour prendre un exemple historique contemporain de Clausewitz, Napoléon avait beau être le meilleur stratège militaire de son temps, son objectif – imposer une Europe napoléonienne au mépris de toutes les légitimités établies et en distribuant les trônes à sa famille ou à ses généraux – cet objectif précipitait tous ses adversaires dans des coalitions qui se reformaient après chacune de ses victoires. À cause de cet objectif rejeté par tous, adversaires vaincus ou alliés contraints se rejoignaient inlassablement dans des coalitions qui, quels que soient les qualités de stratège de Napoléon et le nombre de ses victoires, devaient immanquablement finir par l'abattre.

Le corollaire de cette importance de l'objectif est la supériorité d'un objectif positif et coopératif sur un objectif négatif et conflictuel. Un objectif négatif et conflictuel isole. Le principe selon lequel « les ennemis de mes adversaires sont mes amis » suffit tout juste à fonder des coalitions éphémères : le principe de la coalition étant le danger commun, au contraire de l'alliance dont le principe est l'intérêt commun, une coalition vole en éclats dès qu'un ou plusieurs de ses membres voient leur perception du danger évoluer.

Au contraire, avoir un objectif positif, c'est proposer une solution commune à un problème, c'est prendre en compte l'intérêt général pour rassembler autour d'une stratégie positive à plus long terme. Un objectif, une stratégie et un plan d'action auront une puissance et une efficacité d'autant plus grandes qu'ils rassembleront le plus de monde possible, le plus longtemps possible. C'est toute la différence entre la diplomatie et la guerre. Un objectif négatif et conflictuel fait apparaître le stratège comme voué à sa seule cause et rassemble moins d'alliés.

Le dilemme du prisonnier

Deuxième leçon à tirer : la supériorité d'une stratégie coopérative sur une stratégie concurrentielle. Pour en juger, revenons à la théorie des jeux avec l'exemple célèbre du dilemme du prisonnier. Deux malfaiteurs sont arrêtés pour un forfait sans qu'on dispose de preuve décisive contre eux. Si aucun d'eux n'avoue, ils ne seront condamnés qu'à un an de prison pour port d'arme illégal. S'ils avouent, ils seront condamnés à 5 ans de prison.

Le juge d'instruction, qui veut les faire avouer, les empêche de communiquer et leur propose séparément le marché suivant :

- ❖ soit avouer, dénoncer son complice et être libéré si celui-ci n'avoue pas ;

- ❖ soit ne pas avouer, mais aller en prison pour 10 ans si son complice le dénonce.

Nous avons affaire à une matrice qui comporte donc 4 cas de figure :

	A avoue	A n'avoue pas
B avoue	A 5 B 5	A 0 B 10
B n'avoue pas	A 10 B 0	A 1 B 1

- ❖ Les deux prisonniers avouent et font chacun 5 ans de prison.

- ❖ Le prisonnier A avoue et dénonce son complice B, celui-ci fait 10 ans de prison s'il n'avoue pas, ou 5 ans s'il avoue.

* Le prisonnier B avoue et dénonce son complice A, celui-ci fait 10 ans de prison s'il n'avoue pas, ou 5 ans s'il avoue.
* Aucun des deux prisonniers n'avoue, et ils font chacun 1 an de prison.

Puisqu'ils ne peuvent communiquer, comment chacun des malfaiteurs va-t-il raisonner en ne tenant compte que de son intérêt personnel ? Chacun d'eux va se dire :

* soit mon complice avoue, me dénonce et je vais en prison pour 5 ans si j'avoue, et 10 ans si je n'avoue pas ;
* soit mon complice n'avoue pas : je vais en prison pour 1 an si je n'avoue pas et je suis libéré si je le dénonce.

Dans chacun de ces deux cas, les deux prisonniers ont intérêt à avouer, avec un risque maximum de 10 ans de prison pour celui qui n'avoue pas et est dénoncé par son complice.

La théorie des jeux montre qu'en l'absence d'assurance sur ce que fera son complice, chacun des malfaiteurs aura tendance à penser qu'avouer comporte un risque minimum puisque, si son complice avoue, il n'aura que cinq ans de prison, et si son complice n'avoue pas, il sera libéré. Les deux malfaiteurs ayant intérêt à avouer, ils vont tous deux en prison pour 5 ans.

Pourtant, la meilleure possibilité commune est qu'aucun d'eux n'avoue et qu'ils n'aient chacun qu'un an de prison. Mais, pour aboutir à ce résultat, il faut que chacun réfléchisse en fonction de l'intérêt commun aux deux, ce qui est très aléatoire s'ils ne peuvent communiquer. Pour aboutir au meilleur raisonnement, il faudrait au moins une communication indirecte, par le biais d'un avocat, par exemple. On ne peut donc pas parvenir à une solution optimale si on réfléchit seulement en fonction de son intérêt propre. C'est pourquoi une stratégie coopérative est plus performante qu'une stratégie concurrentielle. CQFD.

Le principe du retournement stratégique

Sur quelle base conceptuelle le retournement stratégique fonctionne-t-il ? Pourquoi, dans certaines circonstances, « poser sa tête sur le billot » est-il plus efficace que d'essayer de « sauver sa peau » ou de réclamer la vérité, ou encore la justice ? Il ne s'agit pas seulement de tactique, mais d'un trait structurel et capital du raisonnement stratégique. Rappelons les deux retournements auxquels nous venons d'assister. Dans le premier cas, un président veut renvoyer son directeur commercial pour de mauvaises raisons et, au lieu de se battre contre un licenciement injuste, le directeur accepte cette « injustice », moyennant finances, pour partir la tête haute. Dans le deuxième cas, un directeur veut la tête de deux ingénieurs et, au lieu de se défendre ou de s'affronter, ce qui précipiterait leur chute, les deux ingénieurs lui proposent leur tête, ce qui leur laisse le temps, jusqu'à la fin du chantier, pour essayer de la sauver !

Pourquoi et comment un tel retournement conceptuel fonctionne-t-il ? Il y va du fonctionnement même de la logique. Une petite digression pour résumer le concept. La logique permet d'étudier les principes généraux de la pensée pour définir les conditions de validité d'un argument et les conditions dans lesquelles une série d'arguments s'impliquent ou s'excluent. La logique peut être illustrée par le syllogisme bien connu : « *Tous les hommes sont mortels, or Socrate est un homme, donc Socrate est mortel. »*

La cohérence logique de l'enchaînement de ces trois arguments est assurée grâce aux principes d'identité, de non-contradiction et de tiers exclu. Le principe d'identité s'énonce ainsi : ce qui est, est ; ce qui n'est pas, n'est pas. Cette lapalissade, apparemment anodine, est le fondement même d'une définition, c'est-à-dire la condition première de fonctionnement du langage, qui est de s'accorder sur le sens des mots. Le principe de non-contradiction vient compléter celui d'identité en précisant que : la même chose ne peut pas à la fois être et n'être pas ; c'est la forme négative du principe d'identité qui implique que le contraire du vrai est faux. Enfin, le principe du tiers exclu boucle le système en affirmant que, de deux propositions contradictoires, l'une est vraie, l'autre fausse, une tierce hypothèse est impossible car deux propositions contradictoires ne peuvent être ni vraies à la fois, ni fausses à la fois ; c'est l'axiome populaire qui s'énonce sous la forme « ou bien... ou bien... » : une tierce hypothèse est exclue. Cette technique de raisonnement, fondée sur la manière dont les arguments s'impliquent ou s'excluent, est la première tentative de formalisation du discours (si A = B et que B = C, alors C = A) qui inaugure l'essor scientifique de la pensée occidentale. Tentons donc d'utiliser la logique pour formaliser notre problème.

La logique inversée du stratège

Premier argument : notre vie quotidienne est fondée sur un fonctionnement moral, linéaire et coopératif. Prenons un exemple. Si nous saluons aimablement quelqu'un, nous nous attendons au même salut en retour et non à une gifle. Pourquoi ? Non parce que nous sommes des êtres angéliques, mais parce que la coopération et la politesse permettent de rendre le monde plus prévisible. En effet, le jour où nous recevrons des gifles en guise de salut, dans un premier temps, nous éviterons de saluer, dans un deuxième temps, nous cesserons d'être aimables et, dans un troisième, nous ne manquerons pas d'ouvrir à notre tour la boîte à gifles. Et l'avenir ne sera plus prévisible.

Deuxième argument : la crise, le conflit, l'affrontement, fonctionnent à l'inverse de la coopération quotidienne. Ils représentent justement cet état de conflit, inverse à celui de la coopération, où l'on utiliserait les gifles pour se dire bonjour.

Conclusion : si le conflit fonctionne à l'inverse de la coopération, la stratégie, c'est-à-dire la forme de raisonnement utilisée pour régler les conflits, doit fonctionner à l'inverse d'un raisonnement quotidien. Dit autrement, si le conflit fonctionne à l'inverse de la coopération, cela veut dire que le raisonnement stratégique doit fonctionner à l'inverse du raisonnement habituel. En stratégie, il faut « penser à l'envers » car toute stratégie repose sur un retournement des principes de la vie quotidienne.

Il n'y a qu'en stratégie que l'on peut utiliser des formules aussi paradoxales que : « *Si tu veux la paix, prépare la guerre* », ou encore : « *La meilleure défense, c'est l'attaque* ». Au quotidien, il ne nous viendrait pas à l'idée de prétendre, par exemple, que « *pour maigrir, il faut manger plus* », ou que « *pour être propre, il faut se baigner dans la fange* ». Foi de Chouette polémiste, puisque le conflit fonctionne de manière inverse au quotidien, dans le domaine de la stratégie, il faut raisonner à l'inverse du quotidien.

2

PENSER CONTRE SOI-MÊME

Le dossier perdu

Oie Blanche, jeune cadre supérieur, vient d'être engagée au département Finances d'une grande entreprise. En attendant que le poste pour lequel elle a été engagée se libère, la direction des Ressources Humaines l'a adjointe pour une semaine, en qualité d'assistante, à Bélier Bonasse, le directeur de l'informatique. Elle devra l'aider à finaliser les éléments d'un dossier sur l'évolution du système d'information de l'entreprise.

Ce dossier est en cours depuis plusieurs mois et il doit être présenté la semaine suivante aux participants d'une réunion de Direction Générale qui devront prendre une décision importante sur la base d'une synthèse effectuée par Bélier Bonasse. Ce dossier comprend, d'une part, des informations ouvertes (audit du système existant) et, d'autre part, des documents originaux, importants et confidentiels (nouvelles caractéristiques du futur système, propositions commerciales grands comptes, etc.). Il n'existe qu'à un seul exemplaire dans sa version complète.

Bélier Bonasse et Oie Blanche travaillent toute la semaine. Le vendredi soir, Oie Blanche voit Bélier Bonasse partir avec le dossier sous le bras. Le lundi matin, Oie Blanche arrive au bureau en même temps que Bélier Bonasse. Ours Grognon, le président, entre dans le bureau sur leurs talons et réclame le dossier pour aller à la réunion. À la stupéfaction d'Oie Blanche, Bélier Bonasse se tourne vers elle et lui demande d'aller chercher le dossier.

Que peut répondre l'assistante, qui est certaine d'avoir vu son supérieur emporter ce dossier le vendredi soir ? Comme Bélier Bonasse et Oie Blanche viennent de travailler une semaine ensemble et qu'ils se connaissent un peu, nous pouvons faire deux hypothèses.

Hypothèse 1

Bélier Bonasse n'est pas un mauvais bougre, et la collaboration avec Oie Blanche s'est bien déroulée. Il a peut-être oublié ou perdu le dossier et il se demandait comment il allait se tirer de ce mauvais pas en entrant dans le bureau. L'arrivée intempestive du président l'a surpris, il a réagi en demandant le dossier à son assistante pour gagner du temps, sans mauvaise intention. Toutefois, Bélier Bonasse a mis Oie Blanche en difficulté et il ne peut revenir en arrière devant le président sans se remettre lui-même en cause.

Hypothèse 2

Le directeur n'est plus Bélier Bonasse mais Hyène Putride. Depuis le début de la semaine, elle a battu froid son assistante, qui n'est plus Oie Blanche mais Oie Cendrée, et elle a collaboré a minima, gardant par-devers elle toutes les pièces importantes du dossier. Le problème est resté non dit mais, après une semaine de collaboration très problématique, Oie Cendrée a toutes les raisons de croire que, dossier oublié, perdu ou sciemment dissimulé, Hyène Putride n'hésitera pas à se servir de cette affaire pour la mettre en difficulté ou la faire renvoyer.

Dans chacune de ces deux hypothèses, quelles peuvent être les stratégies respectives de l'assistante et du directeur en admettant, pour ne pas compliquer les choses, que le président joue un rôle muet ? La scène commence après la phrase du directeur à l'assistante : « Allez me chercher le dossier, s'il vous plaît » et avec la réponse de l'assistante.

Hypothèse initialement coopérative

Rapide analyse stratégique

Selon la première hypothèse, la semaine a été coopérative et il n'y a aucune raison de supposer que Bélier Bonasse essaie de plumer Oie Blanche. L'arrivée imprévue du président a surpris le directeur et il a réagi en demandant le dossier à son assistante pour gagner du temps, sans mauvaise intention. C'est bien sûr la présence d'Ours Grognon, le président, qui peut provoquer une crise. Hors de sa présence, quel que soit le problème – dossier oublié ou perdu –, le directeur et son assistante pourraient chercher une solution ensemble. En présence du président, d'une part, Bélier Bonasse et Oie Blanche ne peuvent communiquer librement et, d'autre part, l'assistante doit donner une réponse immédiate.

Bélier Bonasse a peut-être oublié ou perdu le dossier. Il se peut même qu'il le dissimule pour des raisons qui sont inconnues d'Oie Blanche, qui n'est là que depuis une semaine. En fait, la cause de l'absence du dossier n'a aucune importance et, en situation, il ne sert à rien de se poser des questions sans objet. Il faut trouver une réponse efficace.

Nous connaissons tous ce type de situation où, devant nous, un proche ment délibérément à une tierce personne, pour une raison que nous ne comprenons pas, en sollicitant directement notre complicité et en nous faisant courir un risque personnel impossible à apprécier. Allons-nous cautionner le mensonge ou rétablir la vérité ? Comment les règles de la morale s'appliquent-elles ? Sont-elles compatibles avec une démarche stratégique ? Devons-nous résolument soutenir un proche en toutes circonstances ? Refuser de le soutenir quand il nous impose un risque incontrôlé ? Refuser le mensonge en toutes circonstances ?

Oie Blanche : vérité, atermoiement ou alternative ?

Quels sont les principaux types de réponse de la gente animalière ?

Un premier type de réponse peut être résumé par la formule « dire la vérité ». L'assistante répond au directeur que « c'est lui qui a emporté le dossier ». Des variantes molles reposent sur des précautions de langage, plus ou moins diplomatiques. Des variantes, dures, s'appuient sur l'argument selon lequel un tel dossier ne peut être qu'en possession du directeur. Dans les variantes les plus dures, l'argument de responsabilité s'ajoute à celui de la vérité. Mais, qu'il s'agisse des variantes molles ou dures, foi de Chouette réversible, l'argument de vérité a pour résultat immédiat de dramatiser la situation.

Le deuxième type de réponse possible consiste en tactiques indirectes d'atermoiement pour gagner du temps (tenter de faire sortir le directeur de la pièce pour pouvoir se concerter avec lui, ou bien demander au directeur où aller chercher le dossier ?), y compris en utilisant le mensonge (c'est une secrétaire ou un collègue qui a le dossier, ou bien le dossier est à la photocopie, etc.). Non seulement ces tactiques d'atermoiement ne fonctionnent jamais vraiment, nous verrons pourquoi, mais elles compliquent la situation et la rendent encore plus délicate.

Enfin, un troisième type de réponse, assez rare, est de proposer une alternative au dossier : par exemple, la synthèse de ce dossier, dont il est question dans le deuxième paragraphe de l'énoncé du cas. Bien que ce type de réponse soit plus positif et plus coopératif, nous verrons qu'il ne fonctionne que dans un contexte extrêmement favorable qu'on ne rencontre pratiquement jamais. Examinons chacune de ces réponses et les scénarios qui peuvent en découler.

Le Direct, ou dire la vérité

Le premier type de réponse consiste donc à « dire la vérité ». Ce fut le choix d'Oie Blanche, une oie domestique, puritaine et psychorigide, le plus souvent agressive quand une situation échappe à sa compréhension limitée du monde. Dans la plupart des cas, le recours à la vérité procède plus d'une réaction plus ou moins spontanée que d'une réflexion ou d'un plan. Pour la plupart des partisans de cette solution, la vérité a pour elle, d'une part, d'être La Vérité et, d'autre part, d'être la réponse la plus simple, donc peut-être la meilleure solution. Cette réponse pourrait être formulée en plan de la manière suivante :

❖ *Objectif* : dire la vérité.

- ❖ *Direct* : vous êtes parti avec le dossier vendredi soir.

- ❖ *Indirect* : je n'ai jamais eu le dossier complet, qui comporte des pièces confidentielles.

- ❖ *Anticipation* : vous êtes le responsable de ce dossier.

Tout cela est « vrai » et serait acceptable si nous étions dans des circonstances ordinaires et coopératives. Mais voilà, nous sommes dans une situation de crise potentielle et, comme nous l'avons vu précédemment, les situations de crise inversent tous les postulats du quotidien. Que va apporter la vérité dans cette situation ? Au départ, nous avons vu que Bélier Bonasse, le directeur, a réagi en demandant le dossier à Oie Blanche, son assistante, pour gagner du temps, sans mauvaise intention. C'est un appel à l'aide qu'il lance à l'assistante. Mais si, en réponse à son appel à l'aide, le directeur se voit « dénoncé » devant Ours Grognon, ses dispositions d'esprit risquent de changer rapidement par rapport à une oie blanche qui lui est d'un si piètre secours. En bref, en disant la vérité, l'assistante met son directeur dans l'embarras et ne contribue en aucun cas à une solution au problème. Nous pouvons comprendre qu'en situation l'assistante puisse recourir sans réfléchir à l'argument de vérité, comme dit le proverbe : « bête comme une oie ». Dans les cours de la Chouette professorale, les participants ont le temps de la réflexion et ils se doutent bien que les cas comportent des pièges. Cependant les participants utilisent majoritairement cet argument de vérité en s'en justifiant par des arguments moraux. En stratégie, la morale et l'indignation sont-elles mauvaises conseillères ?

La situation est encore plus grave si Oie Blanche accentue l'argument de vérité en y ajoutant celui de responsabilité. En effet, l'assistante ne saurait être responsable du dossier confidentiel de son directeur. Tous le savent et Ours Grognon, le président, en premier. Mais, curieusement, le fait d'évoquer cet argument décisif aggrave encore la situation pour l'assistante. En effet, même si Ours Grognon a compris la situation, il ne peut éprouver aucune sympathie pour une assistante capable de remettre en cause un directeur devant lui. Il en va du principe de hiérarchie : un président doit soutenir ses cadres dirigeants, avec qui il travaille tous les jours, et qui garantissent l'efficacité de l'exécution des tâches qu'il leur délègue. Corollaire : le président n'intervient pas dans les rapports entre ses collaborateurs directs et leurs subordonnés. Même si les remarques de l'assistante éveillent un doute, le président réglera cette affaire avec son directeur hors de la présence de l'assistante. Quant à Bélier Bonasse, soit il se tire de cette situation et n'aura d'autre objectif que de rendre la monnaie de sa pièce à Oie Blanche, soit il ne s'en sort pas et, dans le meilleur des cas, l'assistante aura gagné la réputation enviable d'être capable de mettre son supérieur hiérarchique en difficulté après seulement une semaine de présence dans l'entreprise. Question : dans l'entreprise, après cette affaire, quel autre directeur souhaitera s'adjoindre une telle oie blanche ?

Ajoutons enfin que, dans ce schéma d'affrontement direct, la polémique entre le directeur et l'assistante, quels que soient les arguments invoqués, donnera une image d'incompétence des deux protagonistes qui avaient une semaine pour finaliser le dossier.

L'Indirect, ou gagner du temps

Le deuxième type de réponse consiste en tactiques indirectes d'atermoiement ou en mensonges, pour tenter de gagner du temps. Il y a plusieurs façons d'essayer de gagner du temps, elles sont toutes risquées.

Vouloir gagner du temps en demandant à s'entretenir avec le directeur ou tenter de le faire sortir de la pièce pour pouvoir se concerter avec lui, se heurte au fait qu'il faut répondre à la demande du président et que nous sommes à quelques minutes de la réunion pour laquelle le dossier est censé être prêt. Dans tous les cas de figure possibles, le fait de ne pas donner immédiatement le dossier, ou une explication très crédible, apparaîtra à Ours Grognon comme une preuve d'incompétence.

L'assistante peut biaiser et demander au directeur où elle doit aller chercher le dossier. Mais soit le directeur ne sait pas où est le dossier et il ne pourra pas répondre, soit il dissimule le dossier et il ne voudra pas répondre. Nous revenons au problème précédent : en posant cette question, l'assistante met le directeur dans l'embarras et en subira les conséquences.

L'assistante peut également essayer de mentir en prétendant que « *c'est la secrétaire (ou un collègue) qui a le dossier* » ou encore que « *le dossier est à la photocopie* ». Dans les deux cas, le risque est qu'une fois la vérification faite et le mensonge avéré, l'affaire s'aggrave plus encore. Et puis, même si le mensonge n'est pas découvert tout de suite, l'assistante n'apporte aucune solution au problème immédiat de l'absence du dossier.

En fait, quelle que soit la tactique d'atermoiement utilisée, elle ne peut tenir devant la demande d'Ours Grognon. D'abord, il y a l'aspect hiérarchique du problème : quand un président demande un dossier, on lui donne le dossier ou, dans le cas contraire, on lui donne une explication en béton armé. Ensuite, ce dossier est en cours depuis plusieurs mois et, pour qu'il soit prêt à temps, Oie Blanche a spécialement été adjointe à Bélier Bonasse. Enfin, la réunion portant sur ce dossier est censée commencer dans les minutes qui suivent. Quel que soit le prétexte invoqué, l'absence du dossier est une marque d'incompétence du directeur comme de l'assistante. Dès lors, attention à l'étreinte fétide d'Ours Grognon, les colères du plantigrade ont sale réputation !

L'Anticipation,
ou proposer une alternative

Le troisième type de réponse est plus positif : il consiste à proposer une alternative. On peut, par exemple, imaginer que, comme la plupart des dossiers, celui-ci est précédé d'une synthèse résumée qui ne fait pas partie des pièces confidentielles (l'énoncé du cas comporte le terme de synthèse) et dont l'assistante a connaissance. Si c'est le cas, l'assistante peut demander au directeur : « *Me parlez-vous de la synthèse ?* », une manière de signaler à Bélier Bonasse qu'il peut tenter d'aller en réunion avec cette synthèse ou bien, mieux encore, aller chercher cette synthèse si cela est possible.

Cette tactique a l'avantage d'être coopérative et peut fonctionner à trois conditions : d'abord, il faut qu'une telle synthèse existe et qu'elle soit rapidement disponible ; ensuite, que le directeur saisisse la balle au bond ; enfin, que le président n'insiste pas pour avoir le dossier complet. Trois conditions incertaines, c'est beaucoup pour un seul plan d'action. Cette « solution » est donc possible mais incomplète et risquée. Nous verrons qu'il y en a une meilleure.

Ainsi, si Oie Blanche adopte un des deux premiers objectifs évoqués – dire la vérité ou gagner du temps – il lui est impossible de résoudre le problème. Elle obtiendra de meilleurs résultats avec une réponse coopérative et positive – proposer une alternative –, sans pour autant résoudre la question du dossier ni répondre à la demande du président. Examinons les possibilités du directeur pour essayer de trouver une alternative, nous reviendrons ensuite au problème de l'assistante.

Bélier Bonasse : contrer l'assistante ou tenir la réunion ?

Pour Bélier Bonasse, qui a mal réagi à l'arrivée à contretemps du président, deux problèmes immédiats se posent : le premier, que faire si Oie Blanche lui répond de manière non appropriée ? Le deuxième, que faire pour répondre à la demande du président ? Dans le cadre de cette première hypothèse initialement coopérative – le directeur a demandé le dossier à son assistante pour gagner du temps parce qu'il était surpris –, il ne s'agit pas de stratégie, juste d'une réaction embarrassée. Cependant, même si Bélier Bonasse n'a pas de stratégie initiale, son attitude peut considérablement varier selon la réponse d'Oie Blanche. Il est facile d'imaginer que, si l'assistante a une réaction appropriée, le directeur peut rester coopératif mais, dans le cas contraire, son attitude se durcira.

En cas d'attitude négative de l'assistante, le directeur pourra même avoir une réaction tactique agressive pour minimiser l'impact négatif de la situation sur le président et les conséquences, tout aussi négatives, qui pourraient en découler pour lui. Dans ce deuxième cas, Bélier Bonasse a même intérêt à attaquer délibérément Oie Blanche pour éliminer le problème. Le bélier n'est pas toujours bonasse, pas question de le prendre pour un mouton châtré ; à trop le taquiner on s'expose à ses cornes spiralées dont il use avec le percutant du boutoir militaire qui porte son nom. D'autre part, et c'est l'essentiel, le directeur doit immédiatement adopter un objectif positif pour répondre au président. Il y en a un seul et il est évident : tenir la réunion. Le plan pourrait être le suivant :

- *Objectif* : tenir la réunion.

- *Direct* : interrompre immédiatement l'assistante si elle a une réaction négative.

- *Indirect* : entraîner le président en réunion en lui disant qu'il réglera ce problème de dossier et d'assistante après la réunion.

- *Anticipation* : promettre au président que le dossier sera sur son bureau au plus vite.

Éliminons tout de suite la principale erreur tactique que commettent les directeurs les moins sûrs d'eux : faire durer une situation pénible. Nous avons vu que, plus la polémique dure, plus Bélier Bonasse perdra en crédibilité devant le président. Malgré cela, un directeur, fragilisé par l'inquiétude, sombrera souvent dans ce travers et, quand le conflit s'engage, il cherchera des arguments pour contrer l'assistante en s'enferrant inévitablement. C'est le contraire qu'il faut faire : pour éviter toute perte de crédibilité, dès que le directeur constate que l'assistante s'engage sur une voie négative, il a intérêt à lui clore le bec, et il dispose pour cela de son pouvoir hiérarchique. Il faut immédiatement faire cesser un dialogue qui porte atteinte à sa crédibilité. C'est une tactique directe, pour laquelle il faut être tranchant : « *Quand on fait le mal*, écrit Machiavel, *il faut le faire en grand, pour ne pas avoir à y revenir.* » Bélier Bonasse peut, par exemple, dès les premières paroles négatives d'Oie Blanche, l'interrompre et la convoquer dans son bureau sitôt la réunion finie, pour régler cette histoire. Puis, en se tournant vers le président et en l'entraînant vers la porte pour couper court à toute discussion avec l'assistante, il peut ajouter qu'il donnera toutes les explications nécessaires pendant la réunion et que le président aura le dossier sur son bureau au plus vite.

La tactique indirecte consiste à contourner la question du dossier car, même si le directeur n'a pas son dossier en mains, il est censé l'avoir en tête, le maîtriser. Personne ne lit de dossier pendant une réunion. On attend que le spécialiste en charge du problème l'expose, et on est là pour débattre des questions de fond : en quoi le nouveau système informatique sera-il plus performant que l'ancien, le prix est-il justifié, l'automatisation de nouvelles tâches manuelles ou intellectuelles permet-elle de réduire la masse salariale (c'est toujours une des questions clefs relatives aux évolutions des systèmes informatiques !) ?

La question de l'absence du dossier reste entière mais, d'une part, le directeur peut compter sur le fait que le président a besoin de lui pour cette réunion et que les reproches attendront, d'autre part, que cette même réunion lui donnera l'occasion de démontrer son professionnalisme. Si la réunion se passe bien, les compétences réaffirmées de Bélier Bonasse permettront de minimiser la question du dossier, et il aura tout loisir de rendre la monnaie de sa pièce à Oie Blanche. Si d'aventure le directeur n'est pas suffisamment compétent pour répondre aux questions de ses pairs, la chose se passera mal, avec ou sans dossier.

Après la réunion, Oie Blanche s'attendait, avec une certaine angoisse, à être convoquée dans le bureau du bélier, il n'en fut rien et, curieusement, cela augmenta encore son inquiétude. Ses plus sombres pressentiments furent confirmés quand une demi-heure plus tard, croisant le Bonasse dans le couloir, celui-ci la chargea à cornes rabattues et il y eut un envol de plumes, dans un concert de cris et sifflements. Quasi assommée, elle réussit à se réfugier dans son bureau pendant que Bélier Bonasse ramassait ses blanches plumes éparses en guise de trophée. Le bélier est rancunier et Oie Blanche continua ainsi à faire les frais de son ire pendant une bonne semaine : elle perdit la moitié de ses plumes et souffrit de contusions multiples avant de se résoudre à donner sa démission. Elle ne put même pas invoquer le harcèlement car, à son grand étonnement, tous les collègues avaient pris le parti du bélier et saluaient chaque nouvelle charge d'un retentissant « ollé » ! En effet, Bélier Bonasse, comme en témoignait son surnom, avait bonne réputation auprès de ses subordonnés et, quand Oie Blanche parvenait à conter son histoire, à sa grande stupéfaction, on lui reprochait sa trahison. Après sa démission, le bélier se fit faire un coussin de plumes d'oie... et s'assit dessus.

Le retournement stratégique d'Oie Cendrée

Tenir la réunion : cet objectif ouvre également de nouvelles perspectives pour repenser la stratégie de l'assistante. Il ne faut pas se crisper sur le dossier mais il faut aider le directeur à tenir la réunion, ce qui est l'objectif optimum des trois protagonistes. Et donc de l'assistante, qui a un objectif générique encore plus simple : assister ! Imaginons donc un plan sur cette base.

❖ *Objectif* : assister le directeur.

❖ *Direct* : « *Bien, monsieur, je vous apporte le dossier en salle de réunion* », et elle sort.

❖ *Indirect* : l'assistante rassemble rapidement tous les éléments disponibles pour « fabriquer » un dossier et le faire parvenir au directeur pendant la réunion.

❖ *Anticipation* : sur la première page de ce dossier, l'assistante prévient le directeur qu'elle est joignable à son poste de travail pour toute demande d'informations ou de pièces supplémentaires.

Ce n'est plus le plan d'une oie blanche, domestique et sans capacité d'initiative, de l'oie aux œufs d'or d'Ésope, qui se laisse bêtement estourbir par un fermier cupide, mais le plan d'une oie cendrée, digne descendante des Oies Sacrées du Capitole, gardiennes du temple de Junon, qui, selon le récit de Tite-Live, donnèrent l'alerte, sauvant Rome de l'attaque nocturne des Gaulois. Commentons ce plan.

L'objectif : observons simplement qu'une assistante n'est pas seulement censée assister quand tout va bien, ce serait trop facile. Au contraire, c'est quand tout va mal qu'elle peut démontrer ses qualités.

Sur la première phase directe, quand le directeur demande à l'assistante d'aller chercher le dossier, celle-ci répond : « *Bien, monsieur, je vous l'apporte en salle de réunion* », et elle sort. Cette tactique coopérative permet, d'abord, de sortir du dilemme insoluble qui pourrait se nouer autour de l'absence du dossier. Ensuite de clore momentanément la discussion en sortant du bureau, tout simplement. Enfin, d'indiquer au directeur qu'il faut aller tenir la réunion, si celui-ci n'y a pas pensé sous le coup de la surprise provoquée par l'entrée inopinée du président.

Sur la deuxième phase indirecte, pendant qu'Ours Grognon et Bélier Bonasse partent en réunion, Oie Cendrée va rapidement rassembler tous les documents disponibles pour « fabriquer » un dossier alternatif qu'elle porte, ou fait porter, à Bélier en salle de réunion. La nature des documents contenus dans le « faux » dossier a en réalité peu d'importance puisque le directeur est censé avoir le vrai en tête. Il s'agit simplement d'une tactique indirecte pour normaliser la situation en montrant aux participants de la réunion de direction générale et au président que le directeur a bien un dossier.

Sur la troisième phase, d'anticipation, une Oie du Capitole très affûtée ajoutera une note bien visible en première page pour prévenir le directeur qu'elle se tient à sa disposition dans le couloir, ou devant son téléphone, au cas où il aurait besoin d'informations ou de documents supplémentaires pendant la réunion. De là, nous revenons à la capacité du directeur de tenir la réunion. Si la réunion permet de répondre aux questions de l'assistance, de prendre les décisions prévues, le directeur et l'assistante auront anticipé le problème, et Bélier Bonasse devra une fière chandelle à Oie Cendrée.

Il nous faut maintenant clarifier trois points pour qu'une telle stratégie d'anticipation soit recevable : sur la morale, sur la capacité intellectuelle à appréhender la supériorité de la coopération sur le conflit, et sur le retournement stratégique. Commençons par ce dernier point.

Nous avons vu que les réactions stratégiques doivent être l'inverse des réactions quotidiennes puisque le conflit est fondé sur une dynamique inverse à celle de la coopération. Ce principe s'applique à un aspect majeur de ce cas : nous avons vu que pour que l'assistante puisse se sortir de ce mauvais pas, elle doit adopter une attitude coopérative, c'est-à-dire prendre en compte l'objectif positif du directeur : la tenue de la réunion. Une bonne stratégie consiste à « penser avec la tête de l'autre ». Le paradoxe est là : pour se sortir de cette mauvaise affaire, l'assistante ne doit pas réagir comme un assistant mais comme un directeur. Le management du quotidien consiste à diriger ses subordonnés, ce qui est théoriquement facile puisqu'ils sont subordonnés. Le bon management consiste à entraîner ses pairs, ce qui est beaucoup moins facile, sans pouvoir hiérarchique. Le top management consiste à influer sur ses supérieurs, ce qui est le meilleur moyen de préparer une promotion. Pour revenir à ce retournement stratégique, penser avec la tête de l'autre, c'est penser contre soi-même.

Morale, éthique et stratégie

Oie Blanche resta traumatisée par cette histoire. Dans le cours de la Chouette, elle continuait cependant à justifier son choix « de s'en tenir à la vérité ». Elle reconnaissait pourtant que Bélier Bonasse, son ex-directeur, se conduisait bien avec elle, avant cet incident. La Chouette lui demanda alors si, en situation, elle n'avait pas réalisé que la vérité aboutissait à mettre son patron dans l'embarras ? Crispée, elle répondit qu'elle ne pouvait « supporter les menteurs ». Ne s'agissait-il pas plutôt d'une réaction d'embarras incontrôlée puisqu'à son tour, elle n'avait pas eu une position très morale en « trahissant » son directeur devant le président ?

Après une discussion générale, les autres animaux du bestiaire s'accordèrent sur le fait que, dans ce cas, une position morale fondée sur la vérité était moins légitime qu'une éthique basée sur la loyauté ou la solidarité. Nous pouvons formaliser l'alternative ainsi :

- ❖ soit une réaction morale – des règles écrites supposées acceptées par tous – et inopérante, fondée sur la vérité, réaction qui débouche sur un conflit ;

- ❖ soit une réaction éthique – des règles non écrites qui se forgent dans des relations électives – et opérationnelle, fondée sur la loyauté ou la solidarité, réaction qui débouche sur la coopération.

De plus, Bélier Bonasse n'a pas vraiment menti, il n'a pas dit qu'Oie Blanche avait le dossier, il lui a seulement demandé, comme un appel à l'aide, d'aller le chercher. La vérité est une valeur des plus fragiles : qui est sûr de la détenir ? En revanche, la loyauté et la solidarité sont les valeurs opérationnelles de la coopération quotidienne.

Coopération et paradoxe de la grève du zèle

Troisième point à propos de la capacité intellectuelle à appréhender la supériorité de la coopération sur le conflit. Pendant le repas qui suivit le cours de stratégie, alors qu'Oie Blanche mangeait à une autre table, un Renard Sarcastique demanda à la Chouette, en plaisantant, si elle ne pensait pas que l'hypothèse sur laquelle le bestiaire avait travaillé (« *Bien, monsieur, je vous apporte le dossier en salle de réunion* ») n'était pas d'un niveau intellectuel un peu trop élevé pour l'assistant(e) moyen(ne), surtout appartenant à une catégorie de psychorigides visiblement peu portés au compromis ? Remarque pertinente, qui pose deux questions. Le niveau intellectuel d'une bête conditionne-t-il son aptitude à la stratégie ? Le manque supposé de motivation altruiste de la plupart des animaux conduit-il plus souvent au conflit qu'à la coopération ?

Il est vrai que le niveau intellectuel d'un animal conditionne son aptitude à la stratégie, tout comme il conditionne ses compétences professionnelles. Mais la capacité stratégique ne se réduit pas au seul niveau intellectuel, elle relève aussi d'une attitude plus générale de sociabilité qui pousse les gens à coopérer instinctivement et à pratiquer un altruisme dont ils sont rarement conscients. Par exemple, lorsque nous partons faire une pause technique aux toilettes et que le téléphone sonne pendant notre absence, notre assistante, notre collègue, répondent-ils que nous sommes aux toilettes ? Non, ils mentent tous, spontanément, en répondant que nous terminons une conversation téléphonique ou que nous sommes en rendez-vous. On peut multiplier les exemples à l'infini pour montrer que nous coopérons sans même y penser, dans toutes sortes de situations, sans en retirer aucun profit personnel. Notre efficacité collective en dépend. C'est tellement vrai qu'un des moyens les plus classiques des escrocs ou autres manipulateurs professionnels, consiste à enclencher un mécanisme de coopération gratuit pour mettre leur future victime en confiance, par exemple en leur demandant l'heure ou un itinéraire.

Prenons un autre exemple paradoxal, celui de la grève du zèle. La grève du zèle consiste, pour des animaux domestiques, à appliquer, de manière minutieuse et perfectionniste, toutes les directives officielles préconisées pour l'application de leur tâche (par le droit du travail, par les définitions de poste, par les directives en cours, par les règles de la convention collective, etc.), en ne prenant plus aucune initiative personnelle. Ce qui a pour conséquence de ralentir considérablement le travail, voire de le rendre impossible à effectuer. Le but est de faire grève en restant à son poste de travail pour éviter les pertes de salaire et autres sanctions. Paradoxalement, ce que démontre la grève du zèle, c'est que pour que les entreprises fonctionnent sans à-coups au quotidien, nous coopérons en permanence non seulement pour faire notre travail, mais aussi pour corriger spontanément toutes les incohérences qui proviennent de l'amoncellement, souvent contradictoire, des directives susnommées, des définitions de poste, des conventions collectives, etc. Nous coopérons sans même y penser, car la coopération est le seul moyen de faire fonctionner normalement l'entreprise malgré ses absurdités instituées, le seul moyen de rendre l'avenir prévisible. Ainsi, nous n'avons même pas besoin d'être particulièrement intelligents ou altruistes pour coopérer, il nous suffit juste de suivre une tendance ancrée dans nos comportements collectifs quotidiens.

Hypothèse conflictuelle

Rapide analyse stratégique

Dans cette deuxième hypothèse, Hyène Putride remplace Bélier Bonasse dans le rôle du directeur. La hyène a battu froid son assistante, Oie Blanche, depuis le début de la semaine. Elle n'a collaboré qu'à contrecœur, en gardant par-devers elle toutes les pièces importantes du dossier. Quelle est la cause d'une telle attitude ? La hyène aurait-elle préféré une assistante « à elle » ? Se méfie-t-elle d'une assistante financière qui pourrait être le « sous-marin » d'un de ses ennemis de la Direction Générale ? Est-ce une rivalité plus générique : Hyène Putride sort d'une grande école, tandis qu'Oie Cendrée est une universitaire, autant dire… une autodidacte ? Peut-être est-ce plus grave encore, la directrice est Rotary Club et l'assistante Lyon's Club ?

Peut-être enfin, la nature dominatrice de Hyène Putride est-elle tout simplement en cause ? Chez les hyènes, le dominant est le plus souvent une femelle. Les hyènes femelles ont un clitoris très développé, ressemblant à un pénis, et il est quasi impossible de distinguer un mâle d'une femelle par la simple observation. Les hyènes mâles, qui sont souvent maltraitées par les femelles, doivent se soumettre à une inspection régulière de leurs organes génitaux. Inspection suspendue à la fâcheuse perspective d'une émasculation à la moindre tentative de rébellion. Oie Blanche, qui ne peut se prêter à ce rituel de domination en raison de sa double nature d'oie et de femelle, suscite-t-elle donc naturellement la colère de Hyène Putride ? Quelle que soit la cause de cette hostilité, après une semaine de collaboration très tendue, Oie Blanche a toutes les raisons de croire que, dossier oublié, perdu ou sciemment dissimulé, Hyène Putride n'hésitera pas à se servir de cette affaire pour la mettre en difficulté ou la faire renvoyer.

La plupart d'entre nous avons vécu ce type de situation où une demande d'une personne hostile nous donne le sentiment qu'on va s'enferrer dans une alternative piégée de soumission ou de révolte. Y a-t-il un moyen de sortir de cette alternative ?

Hyène Putride et l'élimination de l'assistante

Qu'est-ce que la directrice peut faire de plus que dans le scénario précédent ? Son objectif pourrait être double : tenir la réunion et, au passage, éliminer l'assistante. Concevons un plan en postulant que la demande de la hyène, « *allez me chercher le dossier, s'il vous plaît* », n'est destinée qu'à se débarrasser d'Oie Blanche.

- ❖ *Objectif* : éliminer l'assistante.

- ❖ *Direct* : interrompre la réponse de l'assistante en entraînant le président à la réunion.

- ❖ *Indirect* : profiter du parcours jusqu'à la salle de réunion pour « enfoncer » l'assistante.

- ❖ *Anticipation* : soit la réunion se passe bien, la directrice en sort renforcée et peut retourner « s'occuper » de l'assistante ; soit elle se passe mal et la directrice peut incriminer l'assistante qui a « perdu » son dossier.

Premièrement, nous avons vu que la directrice peut interrompre toute tentative de réaction négative de l'assistante en lui coupant la parole et en entraînant le président à la réunion. C'est une tactique directe, qui a pour but de couper l'assistante du débat sans qu'elle puisse réagir, sous peine d'outrepasser les règles hiérarchiques et de se déconsidérer devant le président.

Deuxièmement, la directrice peut également profiter du parcours jusqu'à la salle de réunion pour « enfoncer » l'assistante (qui a mis la pagaille dès la première semaine qui suivit son arrivée dans l'entreprise, qui perd les dossiers, qui n'assume pas ses erreurs, etc.) en fonction de son degré de complicité avec le président, tout en rassurant ce dernier sur le dossier qu'elle lui promet au plus tôt. Même si Ours Grognon n'est pas dupe, même s'il faudra, à terme, régler cette histoire de dossier, l'objectif des deux dirigeants est, dans un premier temps, de tenir la réunion et non pas de s'occuper de l'assistante. De plus, un président n'a pas à prendre parti sur un problème entre une directrice avec laquelle il travaille tous les jours et une assistante qu'il ne connaît pas.

Troisièmement, l'anticipation repose sur une alternative. De deux choses l'une : soit tout se passe bien et la directrice sort renforcée de la réunion ; soit les choses se passent moins bien et Hyène Putride peut incriminer l'assistante qui a perdu son dossier ! Dans les deux cas, la directrice a toute latitude pour retourner « s'occuper » de l'assistante après la réunion. Pour Oie Blanche, le sort est jeté, elle finira au gavage, au plumage, puis en foie gras.

Oie Blanche et la guerre totale

Compte tenu de ce qui précède, notre assistante a une marge de manœuvre extrêmement limitée. Dans les cours de la Chouette, les participants balancent entre trois attitudes : maintenir une fiction de coopération ; avouer avoir perdu le dossier (!) ; mettre la directrice en difficulté. Trois attitudes qui, selon les bestioles, sont fondées sur le même objectif, toujours récurrent : sauver ses plumes.

La première attitude, assez rare, consiste à tenter de maintenir une fiction de coopération en proposant la synthèse. Autant cet argument avait un sens dans la perspective coopérative de la première hypothèse, autant il est voué à l'échec dans ce cas de figure. En effet, même en admettant que Hyène Putride soit très embarrassée par l'absence du dossier et que la suggestion d'Oie Cendrée lui donne une idée, elle n'en sera pas reconnaissante pour autant, c'est le postulat de cette deuxième hypothèse. Elle pourra même utiliser cette suggestion contre Oie Cendrée pour accréditer ses critiques auprès du président : « *Cette assistante est vraiment une incapable, je lui demande le dossier et, non seulement elle ne me le donne pas mais elle me propose une synthèse incomplète.* »

La deuxième attitude possible, encore plus rare, relève du suicide, c'est-à-dire que contre toute attente l'Oie « avoue » avoir perdu le dossier. Cette attitude est très rare mais, curieusement, on la rencontre aussi bien dans le cadre de la première hypothèse, coopérative, que de la deuxième, conflictuelle. On rencontre cette variante du jeu de l'Oie aussi bien chez des gens très naïfs que chez des individus très calculateurs. Foi de Chouette freudienne, j'éviterai la psychanalyse de comptoir pour expliquer une telle attitude mais il paraît évident qu'elle n'est pas appropriée. Une oie qui, une semaine après son arrivée dans l'entreprise, déclare avoir perdu un dossier important devant le président, a peu d'avenir. Dans la deuxième hypothèse, et compte tenu du fait que Hyène Putride utilisera la moindre erreur contre l'assistante, c'est carrément du suicide.

La troisième attitude est la plus courante, il s'agit de jouer le tout pour le tout pour mettre la Hyène en difficulté : tant qu'à succomber, c'est-à-dire se faire virer, autant le faire dans l'honneur, en remportant tout de même une victoire sur son adversaire. Dans ce cas, il ne s'agit pas seulement de dire la vérité, comme dans le premier cas, mais d'aller beaucoup plus loin pour enfoncer la directrice. Malgré la difficulté, imaginons qu'une assistante particulièrement affûtée soit capable de réussir l'exercice. Le plan pourrait être le suivant :

- ❖ *Objectif* : mettre la directrice en difficulté.

- ❖ *Direct* : « *Pardonnez-moi madame, je vous ai vue partir avec le dossier vendredi soir.* »

- ❖ *Indirect* : « *Je n'ai d'ailleurs jamais eu accès aux pièces importantes du dossier…* »

- ❖ *Anticipation* : « *Comment pourrais-je être responsable d'un dossier aussi important ?* »

Préliminaire tactique : notre assistante doit savoir à qui elle parle ou, plus précisément, pour qui elle parle. Tant que nous sommes dans le cas de figure potentiellement coopératif de la première hypothèse, l'assistante répond à la directrice. Dans le cas conflictuel inverse, l'oie ne répond pas à la hyène, qui ne l'écoutera pas vraiment, sauf pour la contrer ; elle ne parle pas à Ours Grognon, le président, ce qui serait un manquement hiérarchique, mais elle parle « pour » le président. La distinction est fine car notre assistante doit faire semblant de répondre à Hyène Putride tout en adressant ses arguments au plantigrade. De plus, l'assistante doit parler d'une voix respectueuse mais assurée, au débit rapide, pour ne pas être interrompue. La première attaque, « *Pardonnez-moi madame, je vous ai vue partir avec le dossier, vendredi soir* », doit être directe, ferme et précise. Oie Cendrée, enchaînant rapidement, avec un coup d'œil vers le président et un retour de regard vers le directeur. La deuxième attaque : « *Je n'ai d'ailleurs jamais eu accès aux pièces importantes du dossier... »*, sous-entend, pour Ours Grognon, que ce dossier pose peut-être un problème. Enfin, la troisième, « *Comment pourrais-je être responsable d'un tel dossier ? »*, permet d'enfoncer le clou avec l'argument de responsabilité.

Soulignons trois caractéristiques de ce plan : le sens de la mesure, le fait que les arguments de la directrice n'y ont pas vraiment d'importance et l'idée selon laquelle il ne faut jamais acculer un adversaire, même supposé très faible, sur le champ de bataille.

D'abord, l'assistante doit garder le sens de la mesure, parler avec la retenue qui s'impose pour ne pas prêter le flanc à un reproche d'insubordination. Il se trouve que la plupart des gens qui se mettent en position frontale ont du mal à garder cette retenue : soit parce qu'ils perdent le contrôle, soit parce qu'ils deviennent véhéments. Le combattant expérimenté doit pouvoir se battre en conservant le plus grand calme.

Ensuite, les arguments de Hyène Putride n'ont pas vraiment d'importance dans ce contexte. Nous avons vu que le piège, pour elle, est d'accepter la polémique alors qu'elle a intérêt à rompre tout échange. Dans un plan offensif, l'objectif de l'assistante est de formuler ses arguments à l'intention du président, sans vraiment tenir compte de la directrice. Toutefois, l'erreur la plus courante est d'entrer dans la polémique. En effet, sous le coup de l'émotion, ou par manque de pratique des situations de crise, beaucoup croient pouvoir régler une situation conflictuelle par un dialogue rationnel. Il est possible de régler un antagonisme par un dialogue avant qu'il ne devienne manifeste mais, une fois installé, le conflit a une dynamique plus émotionnelle que rationnelle. Depuis Sigmund et sa découverte de l'inconscient, nous savons que, même si nous pensons rationnellement, nous agissons émotionnellement, surtout en situation de crise. De plus, une des caractéristiques les plus déterminantes d'un conflit est que les protagonistes ne s'écoutent pas : l'échange des arguments est très répétitif, et seul varie le niveau sonore du dialogue. Pour toutes ces raisons, même lorsqu'un échange d'arguments a lieu, il est rarement efficace. L'assistante a besoin qu'il y ait le moins de dialogue possible puisqu'il peut être interrompu à tout moment par Hyène Putride, sa supérieure. Dans ce cas, l'assistante devra obtempérer sous peine de manquer à la discipline hiérarchique.

La force des faibles

Autre règle tactique de base : il ne faut jamais acculer un adversaire, même supposé très faible, sur le champ de bataille. Oie Blanche est bien le « maillon faible » de cette confrontation mais, poussée à bout par une semaine de collaboration très problématique et mise directement en cause par une demande qui sent le piège, la mièvre peut se transformer en harpie. Ce n'est pas seulement une stratégie directe que l'assistante met en œuvre, c'est une dynamique de guerre absolue. Cette attitude, très courante, s'explique facilement. Quand le protagoniste le plus faible d'un combat a le sentiment qu'il a affaire à trop forte partie, que le combat est perdu d'avance, il n'a plus rien à perdre, il devient très dangereux :

soit parce qu'il panique et devient par définition incontrôlable, soit parce qu'il accepte la défaite inéluctable et qu'il n'est plus freiné par aucune crainte.

Dans un combat, il faut éviter de terroriser un adversaire inexpérimenté par un faciès et une garde fermés, mais, au contraire, le rassurer par un visage neutre ou hésitant, ouvrir la garde pour l'amener à attaquer… et profiter de sa supériorité pour le contrer. C'est une application de Sun Tzu, qui explique qu'il ne faut jamais enfermer l'adversaire sur le champ de bataille sous peine de le pousser à une résistance désespérée ; il conseille de toujours laisser une porte de sortie à l'armée vaincue… pour la frapper pendant qu'elle l'emprunte. En position de force, il faut donc éviter de faire paniquer un adversaire, notamment un adversaire novice en matière de rapport de force ou encore un pacifiste convaincu. En effet, les gens qui sont les moins habitués aux rapports de force peuvent s'avérer très dangereux : ils n'ont pas l'habitude de recourir à la violence et s'ils y sont contraints, ils ne savent pas proportionner leur réponse à la menace, ils ne peuvent contrôler un état émotionnel qui leur est étranger. En bref, ils perdent le contrôle et deviennent potentiellement aussi dangereux que des adversaires déterminés.

En conclusion, l'attaque a été efficace mais l'assistante aura-t-elle pour autant « sauvé ses plumes » ? Oie Blanche a certainement semé le doute dans l'esprit du président. Mais ce n'est pas pour autant que celui-ci va remettre la directrice en cause sur la simple foi d'une assistante. Il attendra de voir comment se déroule la réunion et si le dossier refait surface, avant de se déterminer. En revanche, le spectacle d'une « exécution » aussi froide ne l'encouragera pas à apprécier une telle assistante. En bref, nous revenons à l'effet très négatif que provoquait l'argument de vérité précédent. Oie Blanche aura semé un doute, non décisif, dans l'esprit d'Ours Grognon, mais elle aura d'autant moins réussi à sauver son plumage que Hyène Putride, furieuse après un tel face à face, sera encore plus déterminée à la renvoyer.

Comment « penser avec la tête de l'autre » ?

Pour tenter une autre vision du problème, faisons de nouveau appel à Oie Cendrée. La première question à nous poser est, comme pour les autres cas, celle de l'objectif. Nous avons vu que des objectifs négatifs tels que « sauver sa peau » ou « mettre le directeur en difficulté », n'étaient pas efficaces. Nous avons également vu qu'en matière de stratégie ou de tactique, il fallait penser avec la tête de l'autre : l'assistante doit agir en prenant en compte le problème du directeur. Quel est l'objectif du directeur dans cette seconde hypothèse ? Il est double. Le premier est de tenir la réunion mais, autant cet objectif est pertinent dans le cadre d'une hypothèse coopérative, autant il devient inutile dans le deuxième cas puisque la directrice peut tenir la réunion sans l'assistante. Le deuxième objectif de la directrice est de « virer l'assistante ». Pourquoi l'assistante n'adopterait-elle pas cet objectif – quitter ce poste – pour construire un scénario alternatif ?

- ❖ *Objectif* : partir.

- ❖ *Direct* : « *Bien, madame, je vous apporte le dossier en salle de réunion* », et elle sort.

- ❖ *Indirect* : l'assistante va rédiger un courrier demandant à rejoindre le poste de financier pour lequel elle a été engagée au départ.

❖ *Anticipation* : l'assistante adresse ce mail à sa directrice ainsi qu'au responsable des Ressources Humaines par lequel elle a été engagée et provisoirement déléguée à ce poste.

Ce troisième scénario commence donc comme le précédent. L'assistante propose d'apporter le dossier en salle de réunion, elle sort avant que la directrice ou le président puisse lui répondre. Cette fois, pas besoin de préparer de dossier pour la Hyène, qu'elle se débrouille ! En revanche, pour compléter son plan, il lui faut rapidement retourner dans son bureau pour rédiger, avant la fin de la réunion, une lettre ou un courriel à l'adresse de la directrice. Ce message devra être mis en copie à la personne du service des Ressources Humaines qui l'a engagée et qui l'a provisoirement envoyée au directeur de l'informatique en attendant que son poste financier se libère. Ce message pourrait être rédigé ainsi :

Copie RH

Madame la directrice,

Je vous remercie pour cette expérience très instructive pendant cette semaine passée au service informatique.

Maintenant que la mission est terminée, je souhaite avoir votre permission, et même votre recommandation, pour rejoindre le poste pour lequel j'ai été engagée au service des Finances.

En vous remerciant par avance, je vous prie d'agréer...

Si cela est possible, il sera encore plus efficace d'imprimer le message en deux exemplaires, de poser le premier sur le bureau de la directrice pendant son absence et le deuxième sur celui du responsable des Ressources Humaines qui s'est occupé de l'assistante lors de son embauche. Cette copie est très importante pour que le message soit « public » et mette ainsi la Hyène en demeure de lui répondre.

Question : que va penser Hyène Putride de ce message ? Va-t-elle obtempérer ? Elle doit tenir compte de trois faits : premièrement, elle est encore empêtrée dans cette histoire de dossier et il est de son intérêt de se débarrasser d'un « témoin gênant » ; deuxièmement, l'Oie ne l'a pas « dénoncée » devant le président, mais la copie de son message aux Ressources Humaines montre bien qu'elle n'hésiterait pas à faire pression et à répandre cette histoire si elle n'avait plus rien à perdre, et la hyène n'a pas besoin de cela tant qu'elle n'a pas réglé cette histoire de dossier ; troisièmement, et surtout, la directrice voulait faire partir l'assistante et voilà que l'assistante le propose d'elle-même ! Résultat : si Hyène Putride est intelligente, elle recommandera le départ de l'assistante. Là encore, pour contribuer à cette issue favorable, l'assistante a dû penser comme une directrice.

Dans un conflit, soyez dialectique :
pensez contre vous-même !

Deuxième leçon de la Chouette

À l'issue de ces deux cas, il nous reste deux points à traiter :

- ❖ le premier est qu'il est très difficile de savoir partir au bon moment ;
- ❖ le second est d'explorer plus avant la manière de penser avec la tête de l'autre, c'est-à-dire de penser contre soi-même.

Savoir partir

Dans le cas de « la tête sur le billot », nous avons déjà vu qu'il était beaucoup plus efficace de partir la tête haute que d'essayer de sauver un emploi condamné. Dans le cas du « dossier », il ne s'agit pas de partir la tête haute mais tout simplement de partir rejoindre le poste pour lequel l'assistante a été embauchée.

Parlons globalement de tous les cas où nous devons partir. Contrairement au tacticien qui ne se préoccupe que de résoudre les problèmes à court terme, le stratège valorise son potentiel à long terme. De ce point de vue, il ne faut pas rester dans un endroit où l'on souffre, où notre personnalité et nos compétences ne sont pas reconnues. Pourtant, souvent, dans des situations où le simple bon sens nous dicte de partir, où nous savons profondément qu'il nous faudra partir, nous nous battons pour sauver la position qui nous fait souffrir. Quelles sont les causes de cet aveuglement masochiste ? Sans vouloir traiter ici le problème sous un angle psychanalytique, on relèvera un problème systémique qui nous est commun.

Une fois entrés dans une entreprise, il nous est toujours difficile d'imaginer en repartir. Tout dans la vie de l'entreprise nous pousse à nous identifier à notre poste, à perdre notre recul critique, à oublier que nous avons vécu avant de travailler dans cette entreprise et que nous vivrons après. En quoi est-ce un problème ? N'est-il pas naturel de s'identifier à son entreprise ? De lui être fidèle ? Cela se pourrait si cette fidélité était réciproque. Mais nous savons que ce n'est pas toujours le cas. Productivité, compétitivité et concurrence obligent, l'entreprise tient un double discours.

Quand tout va bien, nous entendons parler de culture d'entreprise, de compétences, nous sommes poussés à adopter les valeurs de l'entreprise, le costume de l'entreprise, le sourire de rigueur dans l'entreprise, etc. Et lorsque par fidélité nous nous sommes calqués sur l'identité de l'entreprise, nous sommes devenus des meubles, nous n'existons plus puisque tout ce que nous sommes, tout ce que nous avons, appartient à l'entreprise. Et c'est à ce moment-là que nous nous faisons virer.

Quand tout ne va plus aussi bien, nous n'entendons plus parler de valeurs mais de récession, de dégraissage, de plans de licenciements, de lettres recommandées. Rien d'étonnant à cela, la plupart d'entre nous savons que les entreprises, comme les institutions, les associations, les familles, tiennent un double discours ; nous ne sommes pas dupes mais nous avons tendance à nous endormir dans le ronronnement sécurisant de la répétition et, disons-le, même s'il s'agit d'un gros mot marxiste, dans l'aliénation. Tous les jours, faire les mêmes choses, voir les mêmes gens, répéter les mêmes banalités : tout cela nous enferme, nous rend bêtes, dépendants. Tellement que lorsque nous subissons une crise dans l'entreprise, nous avons beaucoup de mal à imaginer d'en partir volontairement, du mal à concevoir que nous puissions exister sans l'entreprise. Or nous devons non seulement être capables de quitter une entreprise de nous-mêmes, mais nous devons aussi y penser dès notre embauche. Puis y repenser au moins une fois par an, en allant voir un chasseur de têtes, par exemple, ou en préparant un plan B. Ce n'est pas entrer dans une entreprise qui est difficile, c'est d'en partir.

Paradoxalement, c'est surtout lorsque nous avons la possibilité concrète de quitter l'entreprise, que nous lui sommes vraiment fidèles. Après tout, que disent les entreprises ? Qu'elles veulent des employés motivés, créatifs, capables de sens critique, d'initiative (même si, dès que cela va mal, les entreprises veulent des employés obéissants, disciplinés, comme l'exige la fameuse clause de subordination contenue dans tous les contrats de travail). Si nous voulons être motivés, créatifs, il faut nous ressourcer en dehors de l'entreprise et non nous conformer aux rites sécurisants de la répétition quotidienne. C'est à ce prix que nous avons une valeur pour l'entreprise, que nous y apportons ce qui ne s'y trouve pas déjà. C'est lorsque nous sommes autonomes, éventuellement capables de nous passer de l'entreprise, de la quitter, que nous y devenons parfois indispensables. Pour ce qui nous intéresse ici, pour être sûr de ne pas être la victime d'une crise sans issue, il faut être capable de partir, il faut conserver précieusement une capacité à changer le cours de sa vie professionnelle. Ce n'est pas facile, mais c'est indispensable.

Pour penser avec la tête de l'autre : pensez contre vous-même

Dans ce cas, nous avons vu que pour résoudre au mieux son problème, l'assistante devait « penser comme son directeur », voire même à sa place : si le directeur cherche son dossier, il faut lui signifier que l'objectif est d'aller tenir la réunion ; si le directeur veut vous faire partir, il faut lui proposer de partir, etc.

Nous avons dit que la stratégie consistait à penser avec la tête de l'autre : il y a une méthode pour cela : c'est la dialectique. Une méthode à laquelle nous sommes peu formés dans l'Occident moderne car elle a été discréditée en tant que méthode de pensée marxiste. Avec les mathématiques, l'éducation occidentale a, semble-t-il, fait le choix de la logique : nous préférons former des ingénieurs qui pensent droit, qui sont plus manipulables. Quant à la dialectique et à la rhétorique qui, avec la logique, formaient le fond des humanités classiques, elles n'intéressent plus que les escrocs professionnels et les politiciens. Revenons donc aux humanités, à nos classiques et à la dialectique.

La dialectique est l'art de la synthèse, capable d'englober des points de vue opposés et contradictoires, dans un mouvement de dépassement de la pensée prise dans son devenir. Héraclite n'a jamais utilisé le mot dialectique mais il est le premier créateur d'une philosophie qui tente de décrire le monde en mouvement, le processus du changement, de l'être en devenir, des phénomènes contradictoires et du jeu des transformations. Pour lui, la vie est en permanence prise dans le jeu du changement, le chaud se définit par rapport au froid, le haut par rapport au bas, la vérité par rapport à l'erreur, la vie par rapport à la mort, la fin n'a de sens que par rapport à un commencement, etc. Dans ce monde en mouvement, la méthode dialectique permet de formaliser cet univers des contradictions où la thèse et l'antithèse s'interpénètrent pour se résoudre dans la synthèse, c'est-à-dire dans une sphère plus large de compréhension, capable d'englober des arguments opposés.

Ainsi, au syllogisme sur Socrate — « *Tous les hommes sont mortels, or Socrate est un homme, donc Socrate est mortel* » — pris comme thèse, on peut, par exemple, en opposer un second — « *Les grands philosophes sont immortels, or Socrate est un grand philosophe, donc Socrate est immortel* » — pris comme antithèse. Pour la logique, ces deux syllogismes ne se situent pas sur un même plan : dans un cas, mortalité biologique des hommes et, dans l'autre cas, immortalité intellectuelle des philosophes. Ils ne peuvent donc être traités simultanément. En revanche, la dialectique peut traiter ces deux syllogismes comme les deux aspects d'un même problème. Thèse : Socrate, mortel en tant qu'homme ; antithèse : Socrate, immortel en tant que philosophe. La synthèse va consister à articuler ces deux points de vue contradictoires pour conclure, par exemple, que « *les hommes sont mortels mais leurs œuvres leur survivent* ». La synthèse permet d'intégrer les deux points de vue et de franchir un niveau supérieur de compréhension. Au lieu de conclure sur le cas particulier de Socrate, à travers une généralisation, la synthèse dialectique envisage le rapport de l'humanité à ses œuvres, aux strates de culture et de civilisation qui s'accumulent à travers le flux des générations.

Ainsi, deux points de vue contradictoires peuvent coexister dans la même sphère de compréhension, de même qu'en stratégie, deux protagonistes peuvent s'affronter dans un combat qui devient une synthèse en actes. Appliquons donc la pensée dialectique à la stratégie. Thèse : concevoir une stratégie, c'est penser pour soi-même, penser en fonction de son propre objectif. Antithèse : pour qu'une stratégie soit efficace, elle doit se fonder sur l'objectif et la pensée de l'adversaire, pour les anticiper. Synthèse : une bonne stratégie consiste donc à penser à la fois pour soi-même et contre soi-même, à agir en fonction de son objectif mais aussi en fonction de l'objectif adverse. En effet, dans un combat, celui qui a le plus de chances d'emporter la victoire est celui qui est capable de comprendre les deux points de vue en présence pour les intégrer à sa stratégie. Plus encore, celui des deux protagonistes qui est capable d'adopter l'objectif de son adversaire aura de plus grandes chances de victoire puisqu'il suivra une ligne de moindre résistance.

3

CESSER
DE PENSER

Le ticket volé

L'affaire a lieu dans une entreprise de castors puritains où des rumeurs de vols de tickets de restaurant circulent depuis deux jours. Dans cette entreprise, les bureaux sont paysagers, ils se répartissent dans un espace sans cloisons ni portes fermées. Les tickets de restaurant des castors sont rangés aussi bien dans les portefeuilles que dans les tiroirs des bureaux ou les sacs à main.

Ce jour-là, Castor Cosinus, un ingénieur, descend manger à la cantine. En remontant après le déjeuner, il est convoqué au bureau de son directeur de service, Castor Thésaurus. Celui-ci l'informe qu'il a payé son repas avec un ticket volé.

Castor Thésaurus explique alors que la caissière de la cantine disposait d'une liste des numéros des tickets volés affichée sur sa caisse. Quand Castor Cosinus a donné son ticket de restaurant, la caissière a d'abord reconnu la série de numéros qui figurait sur sa liste, puis vérifié le numéro, qui correspondait bien à celui d'un ticket volé. L'identification est indubitable car le contrôle a provoqué un arrêt dans la file et plusieurs témoins ont assisté à la scène. Comme l'ingénieur s'était déjà éloigné, la caissière n'a pas voulu faire de scandale public mais, après son service, elle a prévenu sa hiérarchie.

Le directeur du service a donc convoqué l'ingénieur pour tirer l'histoire au clair et lui demander des explications. Nous assistons au face-à-face entre les deux castors.

Quels sont les objectifs respectifs des deux protagonistes ? Quels peuvent être les attitudes et les arguments du directeur ? Comment peut-il solutionner ce problème ? Que doit dire ou faire l'ingénieur pour parer l'accusation, rétablir la confiance et si possible éviter que la situation ne dégénère pour lui ?

L'action démarre après cette dernière phrase du directeur : « Pouvez-vous   me   donner   une explication ? »

Rapide analyse stratégique et remarques préliminaires sur le vol

Première remarque sur un des paradoxes de ce type de situation : un innocent et un coupable diront presque la même chose pour se défendre, ils auront le même type d'argumentation ! La seule différence est que le coupable sera probablement mieux armé psychologiquement pour affronter cette situation.

Deuxième remarque, le fait qu'il s'agisse d'un vol aussi anodin que celui d'un ticket de restaurant ne doit pas nous induire en erreur sur la portée de cette affaire. D'abord, le vol avéré, quel qu'en soit le produit, est une faute professionnelle lourde qui justifie un licenciement sans indemnités, une plainte au pénal et une grande difficulté à retrouver un emploi. Surtout chez les castors puritains, qui n'ont pas donné moins de cinq saints et martyrs aux églises catholique et orthodoxe : Castor d'Alexandrie

(IIIe siècle), Castor de Rome (IIIe siècle), Castor le Moine (IVe siècle), Castor de Pannonie (IVe siècle), Castor d'Apt (Ve siècle). Ensuite, comme tous les moralistes l'affirment, ce n'est pas le produit du vol qui est important mais le principe, sans compter les préjugés tels que « *Qui vole un œuf, vole un bœuf* », ce qui, avouons-le, est un comble pour un castor. *Enfin, contrairement à ce que l'on pourrait croire, plus le prétexte d'une crise est mince, plus il peut dégénérer en affrontement paranoïaque.* En effet, plus la cause d'une crise est importante, plus le problème comporte de paramètres, plus il faudra raisonner, argumenter et contre-argumenter, plus on aura recours à la raison. Au contraire, plus la cause d'une crise est mince, plus les protagonistes s'affrontent sur des faits anodins, plus l'exacerbation risque d'être violente et irrationnelle. Nous voyons cela tous les jours, à travers les incidents de circulation, par exemple.

Troisième remarque, nous avons presque tous fait l'expérience du vol dans notre enfance, les petits larcins font partie des expériences de transgression qui jalonnent notre évolution. Mais, une fois cette expérience passée, nous n'avons de cesse de l'occulter pour accréditer notre innocence. D'où des condamnations du vol souvent excessives, à la mesure du refoulement de nos expériences passées. Les problèmes de vol sont donc toujours très sensibles et plus complexes qu'il y paraît car ils comportent le plus souvent une part de subjectivité dans l'appréciation des faits. Par exemple, on constate souvent des petits vols répétés de matériel dans les entreprises, ce phénomène est nommé le « coulage ». Or, la plupart des individus concernés ne se considèrent pas comme des « voleurs » pour autant. Vous les indigneriez en les qualifiant ainsi.

Quand on parle avec eux de ces vols, leurs commentaires peuvent aller du *« C'est pas grave ! »*, à une réaction de révolte contre les procédures intentées contre eux par les *« véritables voleurs »*, les animaux en cols blancs *« qui volent des millions et qui ne sont presque jamais condamnés »*. Foi de Chouette chapardeuse, j'ai particulièrement entendu ce type de remarques indignées à propos des vols, pudiquement désignés par l'appellation « démarque inconnue » dans la grande distribution. Dans les banlieues, les jeunes délinquants expliquent, entre autres, que « des animaux haut placés » volent des marchandises par containers entiers et s'adressent à eux ensuite pour la revente au détail.

Ces jeunes délinquants sont d'ailleurs loin d'être les seuls responsables des vols dans les hypermarchés. En consultant des statistiques confidentielles de la grande distribution, on constate qu'environ 40 % de la démarque inconnue de la grande distribution est le fait des transporteurs (ce sont les produits « tombés du camion »), 40 % celui des employés (la part la plus importante étant attribuée aux agents de sécurité, qui ont les clefs !) et 20 % seulement étant attribués aux clients. Il faut également ment savoir que dans le pourcentage des vols attribués aux clients, on trouve autant de « voleurs » en banlieue que dans les beaux quartiers, où l'on parle pudiquement de cleptomanie. Lorsque je demandai à un de mes interlocuteurs de la grande distribution pourquoi ces statistiques étaient confidentielles, il me répondit que la publication de tels chiffres risquerait de provoquer des grèves plus dommageables que les vols eux-mêmes. En effet, il faut savoir que, bien que le vol soit considéré comme une faute grave, dans beaucoup d'entreprises on n'intervient que quand les choses dépassent les bornes : d'abord, parce qu'une politique de sécurité coûte cher ; ensuite parce que, lors de sa mise en place, elle provoque souvent des réactions sociales d'indignation et des troubles ; enfin, parce qu'elle ne résout pas toujours le problème des vols de manière satisfaisante.

Castor Cosinus et la dénégation

Alors, que peut répondre l'ingénieur, Castor Cosinus, à la demande d'explication de son directeur, Castor Thésaurus ? Imaginons un premier objectif très simple tel que « rétablir son innocence », par la dénégation. C'est presque toujours le premier réflexe des animaux apprivoisés. Dans ce registre très direct, les arguments de l'ingénieur consisteront à nier le vol, à s'indigner, et même à se buter dans une attitude d'offensé. Le plan est plus ou moins le suivant.

- ❖ *Objectif* : rétablir son innocence.

- ❖ *Direct* : affirmer ne pas avoir volé de ticket.

- ❖ *Indirect* : demander s'il y a une accusation ou des preuves du vol.

- ❖ *Anticipation* : exiger d'être lavé de tout soupçon pouvant nuire à sa carrière dans l'entreprise.

Le premier problème est que nier le vol revient à réagir comme le ferait un voleur, à s'indigner comme un cleptomane, et que se buter ainsi ne présage pas de bons rapports avec sa hiérarchie. Il est facile d'imaginer les dénégations les plus courantes telles que : « *Je n'ai pas volé ce ticket* », ou plus indirect et culpabilisant : « *Vous n'allez pas croire que c'est moi qui ai volé ces tickets ?* », ou plus vicieux, en retournant l'argument pour mettre le directeur sur la défensive : « *Croyez-vous vraiment que c'est moi qui ai volé ce ticket ?* » La dénégation peut également inclure des considérations de carrière plus larges : « *Compte tenu de mon salaire, il serait absurde que je vole des tickets de restaurant* », ou encore « *Croyez-vous que je serais assez fou pour mettre ma carrière en jeu pour un simple ticket !* » À la dénégation pure et simple peut s'ajouter le registre de l'indignation : « *C'est un scandale...* », « *Comment pouvez-vous me poser une question pareille... ?* », « *Comment pouvez-vous croire... ?* », etc.

En plus du fait que tous ces arguments seront aussi bien utilisés par un innocent que par un coupable, un suspect doit affronter un second paradoxe : plus sa défense sera efficace, plus elle risque d'augmenter la méfiance à son égard. En effet, face à une accusation de vol et à ses conséquences pour le voleur, nous pouvons nous attendre à ce qu'un suspect injustement accusé ait peur, soit embarrassé, bafouille. Toute défense efficace, mais sans preuve, peut renforcer les préventions à l'égard d'un suspect qui apparaîtrait comme trop sûr de lui pour être honnête.

Alors, pour se tirer d'affaire, notre Castor Cosinus doit-il paraître embarrassé, hésitant, ou doit-il tout simplement répondre qu'il n'a pas d'explication ? Dans ce cas, il va se retrouver confronté à une tout autre difficulté. Car il n'est pas le seul à avoir un problème ; son directeur, Castor Thésaurus, en a également un : il doit traiter le problème et, s'il n'obtient aucune explication ou aucune aide du suspect, il sera tenté, consciemment ou non, d'amplifier ses préventions contre lui. Le pire consistant, pour Castor Cosinus, à se buter dans une attitude agressive – « *Pensez-vous que je suis un voleur ?* », « *M'accusez-vous ?* », « *Avez-vous des preuves ?* » – attitude qui ne fera qu'échauffer la bile de Castor Thésaurus, même s'il répond par la négative.

Décidément, la dénégation n'apparaît pas comme une très bonne méthode et ne permettra pas à l'ingénieur de rétablir son innocence.

Castor Thésaurus et l'accusation

Quand on leur donne le rôle du directeur, beaucoup de membres du bestiaire se mettent directement en posture d'accusateur et, sans explication plausible de l'ingénieur, passent directement à la sanction. L'objectif qu'ils adoptent invariablement est « la découverte du coupable ».

* *Objectif* : découvrir le coupable.

* *Direct* : demander à l'ingénieur de s'expliquer.

* *Indirect* : vérifier les explications et les faits.

* *Anticipation* : prendre des sanctions si les réponses ne sont pas satisfaisantes.

Premier problème, il est impossible de prendre des sanctions dans ce cas, car on ne peut accuser Castor Cosinus de vol sans preuve ou sans témoin. À ce stade, le seul fait dont on peut accuser l'ingénieur est le recel, et encore, si l'on peut prouver qu'il savait que le ticket était volé. Une sanction pour vol, sans preuve, coûterait très cher à l'entreprise devant le Conseil des Prud'bêtes. La crise potentielle générée par cette situation tient justement au fait qu'il n'y a pas de preuve car, si l'on découvre une preuve, l'affaire est réglée. Or, le cas présenté ne donne pas les moyens de déduire une preuve, à moins que le directeur fasse « avouer » le suspect, ce qui est peu vraisemblable.

Un objectif tel que « découvrir le coupable » est donc voué à l'échec, d'une part, parce qu'il n'y a pas de preuve et, d'autre part, parce que le rôle d'un directeur n'est pas d'enquêter sur les vols ; c'est du ressort de la police. Il y a même plus, un castor capable de découvrir ou de faire avouer un coupable serait loin de faire l'unanimité dans son équipe où, quels que soient les faits, il se trouvera toujours des gens pour penser, voire pour dire, qu'il est un salaud. Et en général, ce sont les mêmes qui l'auraient taxé d'incompétence, qu'il ait agi ou non. Après une telle affaire, il sera difficile à Castor Thésaurus de prétendre à un management participatif et convivial pour motiver ses troupes à qui il apparaîtra sous un jour nouveau et peu sympathique. Accuser un suspect, ou découvrir un coupable, apparaît donc également comme un objectif voué à l'échec.

Beaucoup plus rarement, des animaux prennent d'emblée le parti de leur collaborateur ou acceptent très facilement ses dénégations pour peu qu'elles soient cohérentes. Leurs explications portent sur des arguments tels que « couvrir un collaborateur tant qu'il n'y a pas de preuve contre lui » ou « préserver la cohésion de l'équipe ». Même si cette position paraît plus sympathique que celle de l'accusateur, elle a l'inconvénient d'être pour le moins prématurée. Imaginez un directeur s'engageant pour « couvrir » un collaborateur dans un contexte où des rumeurs de vols circulent depuis plusieurs jours et où la scène du restaurant a été publique. Et imaginez qu'on trouve plus tard des preuves contre le suspect ou encore qu'il se fasse prendre dans un nouvel incident... Le cas de l'ingénieur serait réglé, mais le directeur aurait également des ennuis du côté de sa hiérarchie, qui pourrait lui reprocher sa légèreté.

Plus globalement, la règle de management à observer pendant une crise est de ne pas s'engager avant d'avoir des certitudes : on ne peut pas être juge et partie. Même si vous voulez assurer un collaborateur de votre soutien pendant une mauvaise affaire, ne le faites pas en public, et pas avant d'être sûr de ce que vous faites.

Enfin, pour se convaincre d'adopter un rôle d'accusateur ou de défenseur, certains directeurs se fixent comme objectif de « vérifier les faits » et demandent à l'ingénieur d'aller chercher ses autres tickets de restaurant pour vérifier si leurs numéros correspondent à la liste des numéros volés. Si dans un cas réel cette vérification portait ses fruits, le problème serait résolu. Il n'y aurait pas de crise, pas besoin de stratégie ou de tactique, seulement une sanction pour une faute avérée. Mais si la vérification est infructueuse, nous revenons au point de départ : pas de preuve. Ce scénario est justement conçu pour tenter de traiter un cas sans preuve, seulement par la réflexion. Il n'y a toujours pas de solution en vue. Revenons donc aux autres arguments que peut utiliser Castor Cosinus.

La défense indirecte

Les trois tactiques les plus courantes d'une défense indirecte sont la négligence, l'enquête et le complot. Les deux premières ne mènent pas loin et la troisième est catastrophique. L'argument de négligence consiste pour l'ingénieur à répondre qu'il n'a pas d'explication car il ne vérifie pas ses tickets qui sont habituellement dans un tiroir de son bureau, etc.

Outre que la négligence n'est pas un très bon argument de défense, dans ce cas précis, elle est particulièrement inopérante puisque la première phrase du cas est : « *L'affaire a lieu dans une entreprise où des rumeurs de vols de tickets de restaurant circulent depuis deux jours.* » Une négligence qui aurait pu être excusable dans d'autres circonstances mais qui devient une faute après deux jours de rumeurs. Autre méthode de défense souvent envisagée : l'ingénieur propose au directeur de mener une enquête pour tenter de découvrir le « vrai » voleur. Curieusement, cette proposition est parfois acceptée par des directeurs qui n'ont pas trouvé de solution au problème. Même justifiée parce que l'ingénieur assure vouloir montrer sa bonne foi et coopérer avec le directeur, la solution « du suspect qui mène l'enquête » n'est pas recevable.

La théorie du complot

L'argument du complot va beaucoup plus loin. C'est ce qui est réellement arrivé à Castor Cosinus. Écoutons son histoire. Castor Cosinus, hyper diplômé de deux prestigieuses grandes écoles, française et américaine, travaillait dans un bureau d'études d'une grande entreprise de haute technologie militaire. Ce Castor a un air égaré, un physique improbable de gringalet, une attitude rigide qui passe pour de l'arrogance si on n'a pas saisi qu'il s'agit de timidité. Ses brillantes études scientifiques n'ont pas comblé une faille : on ne lui a jamais appris à communiquer. En fait, il n'est pas le genre de personnage qui, même chez les castors, suscite la sympathie au premier abord. Sa première réaction aux questions de son directeur est de l'ordre de la dénégation indignée. Une réaction vraie, car Cosinus est issu d'une famille de castors militaires pour qui l'honneur est une valeur centrale. Il s'estime offensé par le soupçon qui pèse sur lui. Sa première réaction n'ayant pas l'heur de plaire à son directeur, il se met à raisonner de manière logique : il a l'habitude de ranger ses tickets de restaurant dans son tiroir, comme tout le monde peut le voir dans l'*open space* et, comme ce n'est pas lui qui a volé le ticket, il en déduit que c'est un de ses collègues, sûrement le voleur, qui a placé ce ticket dans son tiroir. Son directeur, à qui il vient d'exposer le fruit de ses déductions, lui demande pourquoi on lui aurait fait une telle chose. Dans un état un peu paranoïaque, il évoque une affaire qui l'opposa au reste de son équipe à propos d'une question scientifique sur laquelle il était sûr de son coup et le plus qualifié. Ce ne sera finalement pas sa proposition qui sera adoptée et, sans aller jusqu'à parler de complot, Cosinus gardera une impression pénible de cette affaire où tous ses collègues se sont ligués contre lui. Castor Thésaurus, n'ayant de certitude ni dans un sens ni dans l'autre, met fin à l'entretien.

Question : que pensez-vous qu'il va advenir dans l'entreprise pendant les jours qui suivent ? Castor Cosinus, qui s'attend à rencontrer un minimum de soutien de ses collègues face à une accusation qu'il juge ridicule, est confronté à des visages unanimement fermés, voire hostiles. Plus encore, chaque fois qu'il se déplace dans l'*open space*, un concert hostile de claquements de queue suit ses déplacements, comme s'il constituait un danger pour les autres castors. À ce stade, le cerveau de Castor Cosinus ne fonctionne plus : il est incapable de comprendre que la suspicion, qu'il jugeait inacceptable, est rejetée sur toute son équipe du fait même de son argumentation ! Dès lors, pour tous les membres de son équipe, le raisonnement est le suivant : Cosinus est antipathique, il est suspect, autant que ce soit lui qui fasse, au plus vite, les frais de cette histoire pour que cesse le climat de suspicion généralisée. En effet, social, industrieux et faux cul, il faut le dire, le castor vit mal la dégradation de son ambiance de travail et ne fait pas exception dans la quête universelle du bouc émissaire dont le mécanisme victimaire permet de restaurer l'harmonie perdue. Le sentiment d'injustice de Cosinus croît encore quand il se voit retiré du tableau d'avancement. Avec la perte de son honneur et l'ostracisme qu'il subit de la part de tous ses collègues, Cosinus le Castor craque, il fait une dépression nerveuse et une cure de sommeil. Après un mois d'absence, il revient travailler, plus paranoïaque que jamais. Il prend ostensiblement des notes sur ses collègues pour, croit-il, « pousser le voleur à la faute ». Imaginez l'ambiance de travail… Puis, notre martyr a enfin de la chance : quelques temps après, le voleur est pris grâce à une caméra de surveillance placée par la direction. Cosinus exulte, ses collègues vont reconnaître son innocence, il va retrouver son honneur. Mais que se passe-t-il les jours suivants ? Les castors de son équipe le haïssent deux fois plus ! Le nouveau raisonnement des membres de son équipe, celui qu'aucun d'eux n'avouerait, est le suivant : Cosinus clamait son innocence, nous l'accusions et c'est finalement lui qui a raison ; donc il nous fait passer pour des imbéciles. Syllogisme inversé par la paranoïa. Conclusion, foi de Chouette fataliste : attention à la thèse du complot, la paranoïa n'est jamais bonne conseillère.

Il y aura tout de même un *happy end* : Cosinus sera remis au tableau d'avancement et la direction lui offrira une promotion sur un autre site.

Castor Thésaurus : résoudre ou traiter ?

Il semble qu'il soit aussi difficile pour l'ingénieur de prouver son innocence, que pour le directeur de l'accuser. Revenons donc à la position du directeur, Castor Thésaurus, dont nous n'avons pas épuisé toutes les possibilités.

Il y a des problèmes qui ne sont pas solubles. À défaut de les résoudre, on peut les traiter. Dans cette nouvelle optique, l'objectif est de traiter le problème, de faire cesser les rumeurs, de supprimer les causes du problème et, surtout, de « remettre tout le monde au travail ». Pour ce faire, et sans tomber dans une vision paranoïaque du monde, le directeur doit s'appuyer sur les procédures de base du management. Dans le management en situation de crise, il ne faut pas hésiter à adopter une « posture bureaucratique » pour éviter le stress, et à appliquer les procédures les plus basiques.

- *Objectif* : remettre tout le monde au travail.

- *Direct* : recevoir le suspect et écouter ses explications.

- *Indirect* : réunir l'équipe, exposer le problème, exiger un rangement plus précautionneux des tickets, demander aux membres de l'équipe s'il y a des informations supplémentaires disponibles et, dans le cas contraire, imposer un retour au calme.

- *Anticipation* : comme l'incident a été public, faire un rapport à la direction.

Tout comme en stratégie et en tactique, une solution simple et facile à exécuter vaut mieux qu'un plan compliqué et difficile à mettre en œuvre. Quelles sont les procédures à appliquer ? Les plus simples : il y a un problème avec quelqu'un, il faut convoquer la personne ; il y a un problème avec une équipe, il faut réunir l'équipe ; il y a un problème dans l'entreprise, il faut faire un rapport.

Que fait-on quand on a un problème avec un collaborateur ? On le convoque. C'est ce qu'a fait le directeur. Tactique directe de base : le rendez-vous. Pendant ce rendez-vous, le directeur tentera de se faire une idée de la situation à travers les réponses de son interlocuteur. Mais, qu'il parvienne ou non à trouver une solution au problème, il doit aussi penser au fait que des rumeurs courent depuis deux jours, que la scène du restaurant a été publique, que les membres de son équipe parlent, se posent des questions, notamment à propos de l'ingénieur, et que cette atmosphère n'est pas vraiment propice au travail.

Que fait-on quand on a un problème avec une équipe ? On réunit l'équipe. Pendant cette réunion, qui inclut l'ingénieur suspecté, le directeur fera un rapide point sur l'affaire, pour donner une information objective et parer les rumeurs incontrôlées. Castor Thésaurus fait ensuite état de son rendez-vous avec Cosinus, de ses dénégations, et il peut terminer en demandant si quelqu'un a quelque chose à ajouter à cette affaire. Si c'est le cas et qu'un nouvel élément apporté par un membre de l'équipe permet de résoudre le problème, tant mieux. Si ce n'est pas le cas, il est fondé à demander à tout le monde de se remettre au travail, de mettre les tickets de restaurant sous clefs (pour supprimer la cause des vols) et de cesser de colporter des rumeurs qui pourraient donner lieu à une faute pour diffamation. C'est une tactique indirecte avec, pour conclure, un petit coup de poing sur la table, ce qui est toujours utile, pour mettre fin à une situation trouble.

Toutefois même si l'atmosphère de travail est rétablie dans son équipe, le directeur doit également tenir compte, d'abord, du caractère public du problème qui s'est étendu à toute l'entreprise avec la scène au restaurant ; ensuite, du fait que l'affaire n'est toujours pas résolue ; et enfin, qu'il peut se voir demander des comptes par sa direction, si celle-ci a connaissance du problème. Que fait-on quand on risque d'avoir un problème avec sa direction ? On fait un rapport. C'est une tactique d'anticipation. D'abord, ce rapport résumera le rendez-vous avec l'ingénieur et la réunion avec l'équipe. Ensuite, il fera état de l'impossibilité momentanée de résoudre l'affaire, tout en montrant que le directeur a traité le problème et rétabli l'atmosphère de travail. Enfin, il rappellera qu'il a demandé à tous de mettre les tickets de restaurant sous clefs pour supprimer la cause du problème. S'il l'estime nécessaire, et sans trop d'illusions, il fera une suggestion pour éliminer ce problème à l'avenir : remplacer les tickets par des cartes électroniques nominatives, par exemple. Sans trop d'illusions, car chaque nouveau moyen de défense mis en œuvre suscite l'invention de nouveaux moyens d'attaque, c'est la dialectique du bouclier et du projectile.

Même s'il n'est qu'une bête, Castor Thésaurus n'est pas directeur pour rien : en toutes circonstances, il sait protéger son postérieur grassouillet et, bien calé dans son fauteuil directorial, il manie les mœurs bureaucratiques avec un fanatisme de dévot. Un rendez-vous, une réunion, un rapport : le problème n'est pas résolu mais, en attendant mieux, il est traité.

Castor Nimbus, ou penser comme son directeur

Revenons maintenant à Castor Cosinus pour nous demander comment il peut utiliser cette posture bureaucratique du « moindre mal ». Comment peut-il tenter de se disculper ? Il n'a qu'une seule solution : penser comme son directeur, se mettre à sa place. Opérons une petite substitution pour rendre cela possible : remplaçons Castor Cosinus et ses tendances paranoïaques, par Castor Nimbus dont la sensibilité bien connue lui permet un degré exceptionnel d'empathie, y compris avec Castor Thésaurus, son directeur bien-aimé. Imaginons qu'en répondant à la convocation du directeur, l'ingénieur le trouve inquiet des répercussions possibles de cette affaire et un peu fébrile car il n'a pas encore réfléchi à la manière de traiter le problème. Alors Castor Nimbus peut reprendre à son compte la démarche bureaucratique.

- *Objectif* : aider le directeur à traiter le problème.

- *Direct* : assurer le directeur de son innocence et « partager » son embarras.

- *Indirect* : suggérer une réunion pour faire preuve de sa bonne foi.

- *Anticipation* : demander qu'un rapport soit fait à l'issue de la réunion.

Premièrement, le Direct : l'ingénieur remercie le directeur de l'avoir convoqué pour lui permettre de s'expliquer, l'assure de son innocence et l'assure aussi qu'il comprend son embarras devant une affaire difficile à trancher. Ce faisant, il se met en empathie avec le directeur.

Deuxièmement, l'Indirect : il lui suggère de réunir l'équipe, d'une part, pour faire un point d'information et tenter de faire cesser les rumeurs le concernant et, d'autre part, pour savoir si un membre de l'équipe a d'autres informations qui permettraient de résoudre le problème. En proposant lui-même cette réunion, d'une part, il se met en situation de coopération avec le directeur et, d'autre part, il montre sa bonne foi puisqu'il accepte à l'avance qu'on puisse témoigner pour ou contre lui.

Troisièmement, l'Anticipation : si cette réunion n'apporte aucun nouvel élément contre lui, et compte tenu de l'éventuel impact négatif de cette affaire sur sa carrière, il se trouve fondé de demander au directeur de faire un rapport à la Direction Générale en faisant état de son affirmation d'innocence, de sa bonne volonté et de sa coopération dans le traitement de l'affaire.

Sans se disculper tout à fait, Castor Nimbus peut donc momentanément limiter les dégâts, à une seule condition : être capable de penser comme Castor Thésaurus, son manager.

Le cas de Raminagrobis et les fausses factures

Pour tirer les leçons de ce cas et aller plus loin dans le raisonnement sur la question délicate du vol, voyons très rapidement un cas plus facile parce qu'il y avait des preuves des vols commis, mais plus embarrassant parce que les conséquences de la solution auraient pu être plus graves pour l'entreprise que les conséquences des vols eux-mêmes.

Raminagrobis, qui m'a raconté cette histoire, venait tout juste d'être nommé président-directeur général d'un important établissement de services industriels, d'environ trois mille salariés, appartenant à un groupe international. Ce PDG est un matou d'expérience, calme et déterminé. Son allure a quelque chose de rond et d'implacable comme le vieux chat de Jean de La Fontaine, qui écoute patiemment le plaidoyer d'une jeune souris capturée... avant de la croquer sans états d'âme.

À peine en poste depuis une semaine, Raminagrobis reçoit un de ses directeurs de division. Après le tour d'horizon auquel ils se livrent, le directeur l'informe de la nécessité de licencier un comptable particulièrement incompétent. Intrigué, Raminagrobis fait convoquer le comptable en présence du directeur de division, demande à ce dernier, qui semble embarrassé, d'exposer ses griefs, puis au comptable de répondre aux reproches qui lui sont adressés. Sans hésiter, l'homme répond que ces reproches sont infondés et que si le directeur veut se débarrasser de lui c'est parce qu'il a découvert par hasard une affaire de fausses factures dans l'établissement. À ces mots, Raminagrobis interrompt la conversation, fait savoir aux deux hommes que la demande de licenciement et l'accusation qui lui répond sont très graves et qu'ils seront convoqués ultérieurement pour régler cette affaire.

Cette première réaction de Raminagrobis est à la fois prudente et rusée. Prudente parce que les problèmes de management sont très complexes sur le site : en effet, outre les procédures internes, outre celles des conventions collectives et du comité d'entreprise, plusieurs syndicats sont présents dans l'établissement. Raminagrobis doit donc faire très attention, n'avancer qu'une patte après l'autre, griffes rentrées, et être complètement informé avant de faire quoi que ce soit, pour ne pas risquer une avalanche de protestations, voire une grève. Cette réaction est également rusée car, pendant qu'il s'informe en prenant son temps, il retourne la pression sur les deux hommes qui se décomposent dans l'attente pendant les jours qui suivent.

Une semaine plus tard, ayant consulté son service juridique et récapitulé toutes les procédures idoines, il convoque le comptable en présence d'un représentant syndical et d'un juriste membre du comité d'entreprise. Dès le début du rendez-vous, Raminagrobis informe le comptable, qui a porté des accusations très graves contre un membre de la direction, qu'il doit soit fournir des preuves de son accusation, soit s'attendre à de graves sanctions. Le comptable sort alors de sa serviette un dossier de fausses factures et donne des explications qui sont notées par le juriste. Raminagrobis interrompt le rendez-vous, demande au juriste d'étudier le dossier et rédige un premier rapport pour la direction du groupe. Quelques jours plus tard, Raminagrobis convoque son directeur de division en présence du représentant syndical et du juriste du CE. Le directeur de division est déjà pratiquement brisé par l'attente et s'effondre pendant l'exposé du juriste qui résume les premières conclusions auxquelles il est parvenu. Raminagrobis fait servir des boissons, se comporte avec douceur et le directeur avoue en commençant par expliquer « qu'il n'est pas seul dans cette histoire »... Nouvelle interruption de Raminagrobis, nouveau rapport au siège, demande d'audit du site et dépôt d'une plainte en justice.

Pour manager, soyez pragmatique : cessez de penser

Troisième leçon de la Chouette

Lorsqu'un problème n'a visiblement pas de solution, c'est qu'il n'y a pas de problème, il s'agit seulement d'une affaire à traiter. Pour ce faire, nous l'avons vu, il faut cesser de penser… et agir en utilisant les procédures de base du management. Dans le cas du ticket volé : un rendez-vous, une réunion et un rapport ; le problème n'est pas résolu puisqu'il ne peut l'être mais, en attendant mieux, il est traité.

Il y a au moins trois leçons à tirer de ces deux cas. D'abord, pour le cas du ticket volé, il nous faut examiner les fondements de la « posture bureaucratique » de Castor Thésaurus. Nous le ferons à travers une analogie avec le jeu d'échecs et la comparaison entre le jeu de combinaison, qui consiste à résoudre les problèmes, et le jeu de position, qui vise à les anticiper. Ensuite, pour le cas des fausses factures, il n'est pas inutile de revenir sur les deux tactiques de Raminagrobis : retourner la pression et déléguer la répression. Enfin, pour boucler ce chapitre, et après avoir traité de la logique et de la dialectique dans les deux cas précédents, nous appliquerons à la fonction du commandement en général et du management en particulier, le concept de rhétorique.

Jeux de combinaison et de position

L'avantage de la posture « bureaucratique » n'est pas seulement qu'elle évite le stress ou qu'elle se repose sur les procédures, elle est surtout un moyen de mettre en œuvre une stratégie personnelle à long terme, qu'on peut illustrer en comparant les jeux de combinaison et de position aux échecs.

Dans le jeu de combinaison, à dominante offensive, l'accent est mis sur la concentration d'un nombre suffisant de pièces pour attaquer un point stratégique du dispositif adverse, et sur la capacité de calcul qui permet de jouer, dans l'ordre, les coups décisifs. Cette forme de jeu, fondée sur la recherche de l'opportunité et le calcul, a ses avantages et ses inconvénients. Côté avantages, elle permet de créer des combinaisons qui sont de véritables œuvres d'art, des combinaisons qui restent dans l'histoire des échecs, qui sont publiées dans des revues et dans des livres, indéfiniment rejouées et commentées, des combinaisons qui permettent à leurs auteurs de passer à la postérité. Côté inconvénients, le jeu de combinaison est épuisant : la concentration permanente et nécessaire pour détecter les opportunités, c'est-à-dire les moindres erreurs de l'adversaire, et la puissance de calcul indispensable pour créer des combinaisons inattendues en anticipant les mouvements de l'adversaire, tout cela fait de chaque partie une bataille sans merci, un affrontement épuisant. Dans certaines parties de compétition, d'une durée de cinq heures, un joueur peut dépenser autant de calories qu'un coureur à pied dans un dix mille mètres et perdre jusqu'à trois kilos. Ce type de jeu permet de remporter des victoires flamboyantes, mais il est difficile de maintenir un tel niveau sur une succession de parties, dans un championnat par exemple.

Dans le jeu de position, à dominante défensive, la tactique table essentiellement sur le déploiement rationnel des forces qui doivent se soutenir mutuellement, et sur le contrôle des lignes de communication qui permettent au dispositif d'évoluer pendant l'affrontement. Le jeu de position est fondé sur une conception de l'équilibre de ses propres forces et de la mise en déséquilibre du dispositif adverse. Ce type de jeu a également ses avantages et ses inconvénients. L'avantage est que le jeu de position ne consiste pas à chercher le meilleur coup possible mais, de manière plus pragmatique, à maintenir une cohérence globale de son dispositif de jeu en attendant l'erreur de l'adversaire. Face à des joueurs brillants, par exemple, il s'agit de garder des positions simples, qui ne conviennent pas à leur talent créateur. L'inconvénient de ce type de jeu est qu'il ne permet pas à un joueur de remporter des victoires brillantes et qu'il ne suscite pas l'admiration des amateurs. En revanche, ce jeu classique est beaucoup moins épuisant que le jeu de combinaison et permet de mieux gérer son énergie sur la distance, pendant des compétitions longues et difficiles, ou pendant le cours d'une carrière.

Dans la vie professionnelle, voire dans la vie tout court, l'idéal serait d'avoir un jeu de position au long cours et un jeu de combinaison aux moments clefs, notamment pendant les périodes de crise. Mais quand une crise ne présente pas de solution immédiate, le jeu de combinaison peut s'avérer autodestructeur. Imaginons, par exemple, un Castor Cosinus froid et calculateur, capable dans une discussion d'articuler rationnellement et spontanément tous les éléments de solution que nous avons évoqués ou de les utiliser de manière cohérente pour répondre à toutes les questions de son directeur. Sans éléments de preuve pour résoudre l'affaire, cette habileté tactique aurait toutes les chances de se retourner contre lui en le faisant apparaître comme « trop intelligent pour être honnête », comme manœuvrier et retors. Management bureaucratique et jeu de position convergent : lorsqu'on ne peut pas résoudre un problème, il faut, sans impatience ni culpabilité, se contenter de le traiter avec rigueur.

Les tactiques de Raminagrobis

Foi de Chouette binaire, deux tactiques sont particulièrement intéressantes dans la stratégie intuitive et prudente du « point par point » de Raminagrobis, qui rappelle la stratégie dite « des petits pas » d'un autre Raminagrobis, Henry Kissinger : la capacité à retourner la pression et la faculté de déléguer la répression.

Retourner la pression

Pendant une crise, il est crucial d'essayer de retourner la pression si on souhaite faire de vieux os. Un des effets de la culpabilité judéo-chrétienne ou, plus universellement, un sens mal compris de la responsabilité, nous pousse à prendre chaque crise à bras-le-corps pour tenter de la résoudre au plus vite. Or, d'une part, comme nous venons de le voir, il n'est pas toujours possible de résoudre immédiatement une crise et, d'autre part, une crise a souvent besoin de mûrir avant qu'on en discerne les tenants et aboutissants. Bien sûr, certaines crises doivent être réglées dans l'urgence, mais il y a également des crises ou des problèmes qui disparaissent littéralement avec le temps. Talleyrand, par exemple, laissait volontiers traîner son courrier pour laisser mûrir ses réponses et renvoyait tous les secrétaires qui se pressaient d'expédier les réponses à peine rédigées. Si nous appliquions cette technique, nous nous apercevrions qu'un tiers des lettres que nous recevons perdent de leur importance si l'on attend une ou deux semaines pour y répondre ; un tiers de nos réponses n'ont plus lieu d'être dans le même intervalle et, même dans le dernier tiers, il y a en général moins de 20 % des lettres qui demandent une réponse. Comme le disait Henri Queuille : « *Il n'est aucun problème assez urgent en politique qu'une absence de décision ne puisse résoudre. »*

Dans le cas des fausses factures, si Raminagrobis avait tenté de faire avouer le directeur dès le premier rendez-vous, il aurait pu se mettre dans son tort car il y a des procédures d'accompagnement du personnel par un représentant syndical ou du comité d'entreprise. De plus il aurait certainement rencontré une forte opposition, et c'est lui qui aurait été sous pression. Tandis qu'après quelques jours d'attente, il a retourné la pression sur le directeur qui est maintenu dans l'incertitude sur son sort et qui est pratiquement prêt à passer aux aveux en entrant dans son bureau.

Encore faut-il avoir la force d'attendre, dans une culture du prêt-à-penser où des principes aussi simplistes que « le temps, c'est de l'argent » font figure de vérité ultime. Les méthodes de Raminagrobis s'apparentent donc à celles de Talleyrand : différer pour pouvoir mieux méditer. Pour retourner la pression, il est urgent d'attendre : ne vous pressez jamais de faire une erreur.

Déléguer la répression

C'est un des principes clefs de la réussite pour parvenir à un poste de direction. Les salauds qui adoptent la répression comme méthode de travail sont parfois utiles dans les entreprises, surtout s'ils sont compétents, et nous trouverons toujours quelques exemples de dictateurs, de dirigeants, qui règnent par la peur, qui pratiquent le « stress management ». Mais, sauf circonstances exceptionnelles ou facultés supérieures de dissimulation, ils ont un faible espoir de réussite dans les entreprises.

D'abord parce que, contrairement aux dictateurs politiques, il leur est difficile d'éliminer physiquement leurs opposants : ils ont le pouvoir, mais ils ne font pas la loi. Ensuite, parce qu'en tant qu'arrivistes, ils font l'unanimité contre eux et paient très cher leurs fautes dans le processus de sélection naturelle des élites, qui fonctionne par cooptation. Les salauds peuvent rarement se coopter puisqu'ils ont tendance à s'éliminer entre eux. Enfin, parce que le principal ennemi du salaud est son supérieur hiérarchique, qui connaît le risque encouru avec de tels personnages – se faire subtiliser son fauteuil – et qui, de ce fait, n'hésitera jamais à les utiliser pour ses basses besognes, sans avoir aucun remords pour les sacrifier au moindre prétexte.

Il ne fait jamais bon régner par la terreur, ni avoir une image de requin. Avec un indéniable cynisme, beaucoup d'entreprises l'ont compris et, par exemple, pour les opérations de dégraissage, ont plutôt tendance à choisir des Saint-Just, des idéalistes prêts à couper cent têtes sans hésiter... pour en sauver mille. Pour revenir à Raminagrobis, la demande d'audit du site et le dépôt de plainte en justice permettent bien de déléguer la répression, c'est-à-dire de ne pas entacher sa réputation encore neuve par une implication dans un conflit qui l'entraînerait à apparaître comme un « adversaire » de ses propres troupes. De même, ses rapports au siège social et ses décisions finales prises de manière collégiale, sont destinés à lui éviter, tant que se peut, d'être le fusible potentiel de cette crise.

La rhétorique du management

Dans les cas précédents, nous avons vu l'importance de la logique et de la dialectique pour structurer sa pensée et affûter ses arguments. Jugeons maintenant de l'importance de la rhétorique pour les cas où « il ne faut pas penser ».

La rhétorique est l'art de la maîtrise du discours par la recherche et l'ordonnancement des arguments, par leur mise en forme et leur adaptation à un contexte. Le discours n'est plus seulement conçu en fonction de la cohérence logique du raisonnement ou de la capacité à rendre compte de manière dialectique des contradictions d'un problème donné mais, par rapport à un objectif, à une situation, à des interlocuteurs et à des circonstances qui déterminent le cadre dans lequel le discours est efficace.

Le but de la rhétorique est moins de prouver une vérité que d'emporter l'adhésion de ses interlocuteurs en s'appuyant sur trois évidences : humaine, stratégique et méthodologique.

D'abord, comme locuteur ou interlocuteur, l'homme est le sujet et l'objet du discours. La rhétorique donne toute son importance à celui qui parle, à sa personnalité et à sa réputation car, pour convaincre, la crédibilité de l'orateur a souvent autant, voire plus d'importance, que la qualité de ses arguments. La rhétorique place l'homme au centre du discours, qu'il soit orateur ou auditeur.

Ensuite, d'un point de vue stratégique, le discours est une arme : aussi bien pour prouver que pour convaincre, aussi bien pour analyser que pour séduire, aussi bien pour se défendre que pour attaquer un contradicteur. Dans ce combat, la raison ne suffit pas car, pour susciter la confiance, il faut gagner la sensibilité, jouer sur les émotions, les sentiments et les passions.

Enfin, la rhétorique exige une méthode ; elle sera mise au point au Ve siècle avant notre ère par les sophistes, les premiers pédagogues professionnels de l'histoire, qui développent une stratégie de communication qui a gardé toute sa pertinence. De l'Antiquité à nos jours, l'enseignement de la rhétorique a largement contribué à l'éducation des élites et au maniement politique du discours. Même détrônée aujourd'hui par les études scientifiques, la rhétorique n'en continue pas moins d'être par excellence l'outil de l'ordonnancement de la pensée et du discours.

Pendant le siècle de Périclès, Protagoras se sert de la rhétorique pour former le citoyen à la démocratie en lui enseignant une méthode pour ordonner sa pensée, pour débattre de tout problème. La rhétorique est l'outil idéal pour convaincre ses concitoyens du bien-fondé d'une opinion dans les discussions qui se tiennent régulièrement sur l'Agora. À Socrate qui lui demande ce qu'il enseigne à un élève, Protagoras répond : « *Le souci de ses affaires personnelles afin qu'il puisse au mieux administrer sa maison, ainsi que le souci des affaires de la cité afin qu'il devienne une puissance réelle dans la cité, tant comme orateur que comme homme d'action* » (Platon, *Protagoras*, 318e, Garnier). Pour atteindre ce but, la rhétorique propose une méthode.

De la méthode rhétorique

La rhétorique comprend cinq grands domaines dont les dénominations antiques sont : l'invention (recherche des idées), la disposition (conception du discours et mise en ordre des arguments), l'élocution (travail sur le style), la mémorisation (indispensable dans les occasions où il est fâcheux de lire et périlleux d'improviser) et la prononciation (maîtrise de la voix et des postures du corps, techniques indispensables à l'orateur). La rhétorique permet également de finaliser l'emploi conjugué de la logique et de la dialectique : la logique dans la construction du plan, et la dialectique dans la manière de peser le pour et le contre (la thèse et l'antithèse) pour chaque argument, ainsi que dans la capacité de synthétiser l'ensemble des arguments pour une conclusion.

Pour « l'invention », la recherche des arguments part de l'exposé des faits et de leur interprétation, qui doivent être soutenus par des preuves naturelles résultant des faits, ou des preuves artificielles résultant de la déduction. Les idées peuvent être renforcées par des moyens qui permettent de lier les faits et le raisonnement : considérations sur les causes et les effets, sur le contexte et les circonstances, comparaisons avec des faits ou des situations similaires, analyse de ces similarités, des différences ou des contradictions, considérations sur les définitions, sur les étymologies, énumération ordonnée des faits ou des circonstances, etc. En bref, la démarche est de rassembler tous les matériaux qui serviront à l'élaboration d'un discours permettant de cerner le problème jusqu'à ses aspects les plus inattendus. En plus des arguments de son discours, l'orateur devra aussi parler de lui pour asseoir sa crédibilité, car les décisions humaines ne reposent pas seulement sur la rationalité ou sur l'intelligence du propos mais également sur la confiance qu'on accorde à l'orateur.

Une fois les matériaux du discours rassemblés, il faut les organiser dans l'ordre le plus efficace : c'est l'étape de la disposition, de la construction du discours. On commence par l'introduction, un court préambule qui permettra de poser globalement le problème de la manière la plus percutante possible pour capter l'attention des auditeurs. Si, dans une situation difficile, il est nécessaire de rassurer son public, on pourra utiliser « l'argument d'autorité », qui consiste à utiliser une citation connue d'un auteur célèbre ou d'une personne connue et respectée du public : « *Comme le dit Untel...* » L'argument d'autorité offre un double avantage : il permet à la fois de sécuriser l'auditoire en lui indiquant à l'avance dans quel contexte le sujet va être traité, et de se protéger soi-même en se plaçant sous un patronage difficile à remettre en cause.

Après l'introduction, on annonce le plan de son discours et la division de ses parties, c'est-à-dire la manière dont on va traiter le problème. Les parties de l'exposé devront être organisées de manière logique : du général au particulier ou l'inverse, du moins important au plus important ou l'inverse, etc. La logique de la succession des parties permettra de faciliter la compréhension et d'entraîner ainsi une plus grande adhésion des auditeurs.

Ensuite, en traitant chacune des parties, on prendra soin de « dialectiser » ses arguments en pesant le pour et le contre pour montrer le sérieux de la réflexion et la pondération du propos. Dans un contexte difficile, on pourra même commencer par les arguments contraires à ceux qu'on veut défendre, ce qui présente plusieurs avantages : désamorcer d'éventuelles critiques avant même qu'elles soient formulées, montrer qu'on a une conscience précise des difficultés inhérentes au problème traité, et apparaître comme prévoyant et responsable. Il faut être le premier à exprimer les pires critiques qui puissent être faites contre les thèses qu'on défend, ce qui coupe l'herbe sous le pied des contradicteurs qui ne pourront plus que répéter des choses déjà dites et déjà intégrées au raisonnement. L'art du discours ne consiste pas seulement à optimiser son point de vue mais à « penser contre soi-même », à penser en fonction de ses contradicteurs pour anticiper leurs objections.

Enfin, après avoir traité toutes les parties, on parvient à la conclusion qui permettra de récapituler des arguments confirmés ou réfutés, ainsi que de parfaire la démonstration et de la ponctuer dans une synthèse globale à laquelle on donnera un impact rationnel, émotionnel, esthétique ou autre, selon les circonstances.

En bref, la rhétorique utilise successivement la logique et la dialectique pour finaliser un discours, et donne une grande importance à l'orateur, à son style et à son éloquence pour convaincre un auditoire : c'est une stratégie.

L'art de traiter un problème…
sans y penser

Reprenons cette méthode en revenant sur le cas du ticket volé et du rapport fait par le directeur, Castor Thésaurus, à sa hiérarchie.

L'introduction, courte, devra annoncer que le rapport traite du problème de vol que connaît actuellement l'entreprise. La suite du rapport peut ensuite préciser qu'après un résumé des faits, le directeur annoncera les mesures qu'il a prises et les solutions qu'il préconise.

La première partie rappellera les vols qui ont eu lieu et les mesures immédiatement prises : le recensement des numéros des tickets volés et leur liste, confiée à la caissière.

La deuxième partie relatera l'incident qui a eu lieu avec Castor Cosinus à la cantine.

La troisième partie rapportera la convocation de Castor Cosinus dans le bureau de Castor Thésaurus et le résultat de ce rendez-vous, c'est-à-dire l'impossibilité d'accuser le suspect sans preuve.

La quatrième partie enchaînera avec le récit de la réunion de toute l'équipe : premièrement, Castor demande à chacun de ranger ses tickets sous clefs pour faire cesser les vols, autant que possible ; deuxièmement, il demande publiquement si un membre de l'équipe a des informations à apporter sur cette affaire ; et, dans le cas contraire, troisièmement, il exige la fin des rumeurs et remet tout le monde au travail.

La cinquième partie fera état des possibilités de parer à ces vols, s'ils continuaient : par exemple, en remplaçant les tickets par des cartes électroniques nominatives si cela s'avérait efficace et pas trop cher.

Enfin, la conclusion récapitulera les différents éléments du traitement du problème : l'impossibilité d'accuser le suspect sans preuve, la possibilité de supprimer la cause des vols en demandant à chacun de mettre ses tickets sous clefs et, surtout, l'injonction de cesser les rumeurs et de se remettre au travail.

Foi de Chouette comateuse, faute d'avoir pu le résoudre, voici un problème qui a été traité à partir des procédures les plus basiques du management, sans avoir été pensé. Savoir penser ne suffit pas, pour agir il faut aussi savoir cesser de penser.

4

S'ADAPTER AU CONTEXTE

Une version monothéiste du ticket volé

Le contexte culturel

Jusqu'ici nous n'avons raisonné que sur les mécanismes intellectuels de la pensée stratégique. Il nous faut maintenant réfléchir aux situations dans lesquelles le contexte peut influer, voire modifier le cours de la pensée stratégique. Le seul contexte qui puisse sérieusement remettre en cause la rationalité stratégique est le contexte culturel. Et cela parce que les cultures, les civilisations, ne sont pas fondées sur la raison mais sur l'histoire, les traditions, les croyances, les religions, etc. En résumé, sur des éléments identitaires qui n'ont rien de rationnel.

Même de nos jours, le principal élément de différenciation des civilisations est la religion, pour une raison très simple : à l'époque où les civilisations contemporaines se sont construites, les seules doctrines qui donnaient accès à une vision globale du monde, celles qui répondaient aux questions telles que « qui sommes-nous ? », « d'où venons-nous ? » et « où allons-nous ? », étaient les religions. Or, dès que nous commençons à raisonner à partir de croyances, la rationalité et par conséquent la stratégie ne fonctionnent plus de la même manière. Ce qui ne veut pas dire que la réflexion stratégique soit impossible sur la base d'une pensée magique ou religieuse, bien au contraire. Des milliers d'années de conflits, de ruses et de plans plus ou moins raisonnés, nous ont montré que des stratégies rationnelles pouvaient fonctionner sur des bases irrationnelles. Ainsi, aux principes stratégiques précédents, déduits d'un rationalisme universel, ajoutons-en un nouveau : tenir compte des cultures, envisagées comme un nouvel espace stratégique. Prenons un premier exemple en revenant à notre cas du ticket volé. Nous avons traité ce cas sans pouvoir le résoudre dans un contexte rationnel, essayons un contexte de croyance monothéiste.

La solution monothéiste

Imaginons que le problème se pose dans une société très religieuse, où les croyants vénèrent un Dieu unique, qui jugera les hommes au Jugement Dernier, les bons allant au paradis, les autres en enfer. Imaginons encore qu'il ne s'agisse pas d'une communauté de croyants libéraux, qui considèrent qu'on peut interpréter leur livre sacré, mais de croyants purs et durs, fondamentalistes, intégristes, qui pensent que leur livre retranscrit la parole de Dieu et qu'elle doit être entendue et appliquée à la lettre près. Dans ce contexte monothéiste, il y a un moyen très simple de confondre le voleur : il suffit de faire jurer le suspect sur Dieu ou sur le Livre Sacré !

Mais que se passe-t-il si le suspect fait un faux serment ? C'est simple : il sera puni par Dieu. Foi de Chouette dogmatique, je précise que le moyen n'est valable que dans une société où tout le monde croit en Dieu et en Son intervention dans les affaires humaines. Dans un tel contexte, même un croyant qui a commis des fautes évitera un faux serment sur Dieu ou le Livre Sacré parce qu'un serment mensonger remettrait en cause son salut éternel. Enfin, si la peur de la damnation ne fait pas son œuvre et que le suspect ment, il est clair pour tous les autres croyants que, de toute façon, c'est Dieu Lui-même qui punira le menteur. C'est la solution parfaite pour un animal pieux.

Mais cette « solution » présente au moins trois inconvénients. D'abord, dans un tel contexte, seul Dieu est censé connaître la vérité. Les Castors pourront donc traiter le problème, mais ils doivent déléguer la solution à leur Dieu. Ensuite, puisque Dieu ne communique pas avec la majorité d'entre nous, nous devons nous fier aux experts qui prêchent et interprètent Ses commandements, avec un arbitraire difficile à concevoir. Par exemple, au Moyen Âge, l'Église livrait les suspects de sorcellerie à l'ordalie, une épreuve judiciaire par le feu ou par l'eau, considérée comme un jugement divin. Le suspect était attaché puis, par exemple, jeté à l'eau et, s'il se noyait, c'était que Dieu l'avait puni. Enfin, et c'est peut-être le plus gênant d'un point de vue rationnel, imaginez que vous fassiez jurer un castor suspect et que, quelque temps après, son barrage soit emporté par le courant... En toute logique monothéiste, et même si les pluies diluviennes sont conformes à la météo de saison, il faut immédiatement condamner le suspect. En effet, si son barrage a été emporté, c'est que Dieu l'a voulu, puisqu'Il est omniscient et omnipotent. Pour tous les croyants, il s'agira donc d'un châtiment divin qui sera immédiatement rapporté à la violation supposée du serment précédent : le mensonge est dévoilé par Dieu !

Stratégie et croyances

Dans un tel univers de croyances, la stratégie a-t-elle encore un sens ? Oui, sans conteste, car les croyances ont leur propre rationalité, une rationalité partagée qui fonde le lien social et qui, à ce titre, relève du champ stratégique. Quel que soit son point de vue sur les religions ou les cultures, le stratège doit donc faire la part des coutumes locales, de leurs valeurs, de leurs croyances et même de leur part d'irrationnel. Même s'il nous faut garder à l'esprit que l'essence de la stratégie relève du rationalisme, pour les animaux que nous sommes, le rationalisme a des limites. Pour en juger, prenons un nouvel exemple que nous pourrons traiter sous l'angle de deux cultures différentes. Il sera humain car les hommes, foi de Chouette anthropomorphiste, sont bien les plus curieux de tous les animaux.

Un conflit commercial

Nous sommes dans une grande entreprise anglo-saxonne d'informatique, qui encourage des comportements très agressifs chez ses commerciaux. Dans ce service de vente grands comptes (vente en grande quantité aux entreprises), un ingénieur commercial négocie depuis deux mois un gros contrat. À l'approche de la conclusion du marché, le client demande à l'ingénieur des précisions assez pointues sur la partie logiciels du contrat.

Notre ingénieur commercial, plutôt spécialiste des machines, fait alors appel à un autre commercial du service, de même rang et de même fonction que lui, plus spécialisé dans les logiciels. Dans ce service, bien que tous les ingénieurs commerciaux soient censés être des généralistes en informatique, ils ont chacun un domaine de compétence privilégié : machines, réseaux, périphériques, logiciels, etc.

Les deux ingénieurs commerciaux se rendent donc ensemble au rendez-vous et le second, spécialiste des logiciels, fait une démonstration et donne au client les renseignements demandés. Le rendez-vous se passe à merveille, le client est convaincu et le premier commercial lui donne rendez-vous pour la signature le lendemain en fin d'après-midi, le temps de finaliser sa proposition commerciale et d'y intégrer les nouveaux aspects logiciels.

Le lendemain matin, à la première heure, le second commercial vient voir le client, sans prévenir son collègue, sous prétexte d'une démonstration complémentaire, et il lui fait signer le contrat. Dans cette entreprise, une procédure libérale, édictée pour dynamiser les commerciaux et encourager l'initiative individuelle, précise que la prime liée à un contrat échoit en totalité au commercial dont le nom figure sur le contrat. Et à celui-là seul.

Le premier ingénieur commercial apprend l'affaire en fin de matinée, en rentrant d'un rendez-vous avec un autre client. En début d'après-midi, c'est la réunion mensuelle du service commercial. Le directeur commercial fait le tour d'horizon des contrats en cours et vérifie que les objectifs imposés par la direction seront bien atteints. L'histoire a, bien sûr, fait le tour du service, et tous les autres commerciaux se délectent à l'avance du règlement de comptes.

Quels arguments vont échanger les protagonistes, compte tenu du fait que, dans la culture de cette entreprise anglo-saxonne, on a parfois tendance à encourager les résultats aux dépens des moyens pour les obtenir ? Quels sont les objectifs de chacun *des trois hommes, dans le contexte très particulier de la culture anglo-saxonne, concurrentielle et procédurale ? Par convention, et pour simplifier les choses, seuls les deux ingénieurs commerciaux et le directeur participent à la discussion sur ce contrat.*

Pour comparer les cultures française et anglo-saxonne, nous supposerons, dans un premier temps, que l'affaire a lieu dans la filiale française d'une entreprise anglo-saxonne, avec des employés de nationalité et de culture françaises. Dans un deuxième temps, nous supposerons que l'entreprise se trouve aux États-Unis et que les employés sont anglo-saxons.

Une première phase à la française : arnaqueur et arnaqué

Rapide analyse stratégique et culturelle

Le problème est lié à la procédure qui attribue le montant de la prime au seul commercial dont le nom figure sur le contrat. Cette procédure est typique de la culture anglo-saxonne, qui a tendance à encourager les résultats au détriment des moyens pour les obtenir, comme cela a été dit dans l'énoncé du cas.

Une des différences entre les civilisations anglo-saxonne et latine réside dans le rapport à l'argent. En résumé, dans *L'éthique protestante et l'esprit du capitalisme*, Max Weber nous explique que, dans la culture anglo-saxonne, la réussite et la richesse sont des signes de la grâce que Dieu accorde à Ses élus. L'argent est, sur le plan matériel, l'équivalent de la prière sur le plan spirituel : deux moyens de construire le Royaume de Dieu. Au contraire, le christianisme originel oppose les valeurs matérielles et spirituelles, puis l'Église catholique a longtemps jeté l'opprobre sur l'argent. En témoigne, par exemple, la « loi de dérogeance » qui interdisait aux nobles les occupations « viles » comme la banque (qualifiée d'usure), le commerce et l'industrie.

À partir de cette différence, succinctement exposée, nous comprenons que, dans le contexte de la culture anglo-saxonne, le commercial qui a signé l'affaire et remporté la prime est dans une position forte de *winner*, il est un élu touché par la grâce. Au contraire, celui qui s'est fait subtiliser l'affaire est dans la posture difficile du *looser*. Les positions sont symétriquement inverses dans le contexte de la culture latine qui se fonde sur une position morale. Précisons tout de même, foi de Chouette multiculturelle, que dans les deux cas, les hommes, leurs vices et leurs vertus, sont similaires. Seul le contexte culturel change et, avec lui, les règles de l'affrontement stratégique.

L'Arnaqué dénonce la trahison

Dans cette première version à la française, le commercial qui s'est fait subtiliser le contrat sera désigné comme l'Arnaqué, et celui qui a subtilisé l'affaire sera l'Arnaqueur. Remarquons que les termes d'arnaqueur et d'arnaqué contiennent en eux-mêmes une appréciation, un jugement moral qui va conditionner l'exercice, conformément aux valeurs de la culture française dans laquelle afficher son âpreté dans les affaires est mal vu. Voyons donc les plans et les arguments des trois protagonistes, et nous reviendrons aux comparaisons culturelles chemin faisant.

Le plan de l'Arnaqué est moral : il s'agit de dénoncer la trahison de l'Arnaqueur. Mais nous avons déjà observé que morale et stratégie ne font pas bon ménage. Foi de Chouette casuiste, le conflit et corollairement la stratégie relèvent d'une dynamique inverse à celle de la morale et de la coopération.

- ❖ *Objectif* : récupérer « sa » prime.

- ❖ *Direct* : valoriser son travail et minimiser l'aide de l'Arnaqueur.

- ❖ *Indirect* : dénoncer la « trahison » de l'Arnaqueur. Aucun commercial n'acceptera de travailler en équipe après une telle affaire.

- ❖ *Anticipation* : le chiffre d'affaires global de l'équipe, du directeur commercial et de l'entreprise s'en trouvera diminué.

L'objectif de l'Arnaqué est logique : c'est « son » affaire, il s'agit donc de récupérer « sa » prime. C'est une offensive qui combine une dénonciation morale et professionnelle.

Première phase directe, l'Arnaqué prend la parole et résume l'affaire en valorisant son travail qui a permis d'obtenir ce gros contrat. Il reconnaît éventuellement que l'Arnaqueur l'a aidé, mais il affirme que cette aide n'aurait pas suffi si, en amont, il n'avait pas préparé le terrain avec deux mois de travail.

La deuxième phase, indirecte, permet d'impliquer toute l'équipe commerciale : l'Arnaqué dénonce haut et fort la trahison de l'Arnaqueur et affirme qu'on ne peut en aucun cas justifier un tel comportement car après une telle affaire, plus aucun commercial ne voudra travailler en équipe. Cet argument indirect – on ne peut demander une aide en interne sans risquer d'être trahi – remet en question toute l'efficacité de l'équipe.

Troisième phase d'anticipation, compte tenu de la perte de confiance au sein de l'équipe, et donc de sa baisse d'efficacité, le chiffre d'affaires global de l'équipe va également baisser. Cet argument permet d'impliquer le directeur, responsable du résultat de son équipe, et verrouille l'argumentation en faisant référence à l'intérêt de l'entreprise.

À la fin de son argumentaire, l'Arnaqué revient à son objectif : récupérer sa prime. Mais a-t-il été convainquant ?

Dans une variante suicidaire, tout en dénonçant le comportement immoral de l'Arnaqueur, l'Arnaqué admet que son aide a été substantielle et propose un partage de la prime, ce qui a pour résultat immédiat de renforcer la position de l'Arnaqueur.

L'Arnaqueur et l'intervention décisive

Le directeur donne ensuite la parole à l'Arnaqueur pour entendre sa version. Comme ce dernier veut garder la prime, sa version est centrée sur le caractère décisif de son intervention auprès du client et sur la mise en doute des compétences professionnelles de l'Arnaqué.

- *Objectif* : garder la prime.

- *Direct* : mon intervention était décisive.

- *Indirect* : l'Arnaqué était-il capable d'enlever l'affaire ?

- *Anticipation* : par crainte de la concurrence, j'ai fait signer le client pour le bien de l'entreprise.

Pour l'Arnaqueur, l'objectif, bien qu'inverse de celui de l'Arnaqué, est tout aussi simple : il a fait signer le client, il est protégé par la procédure, la prime est donc à lui. Il commence par évoquer le caractère décisif de son intervention. Cet argument direct peut être complété par une justification plus ou moins sincère : il est revenu faire une démonstration complémentaire sur des demandes exprimées la veille par le client. Il assure qu'initialement il n'avait pas l'intention de faire signer le client à la place de son collègue mais que plusieurs raisons l'ont fait changer d'avis au cours du rendez-vous. Selon son degré de cynisme, il met plus ou moins en doute la capacité de son collègue à faire signer le client et fait valoir que, contrairement à l'Arnaqué qui fait traîner cette affaire depuis deux mois, il a réussi en deux jours. Enfin, il évoque la menace de la concurrence qui pourrait profiter du moindre délai pour reprendre une affaire et il assure qu'il a fait signer le client pour le bien de l'entreprise. Puis, conformément à la procédure, il revendique la prime qui lui revient entièrement et de plein droit.

En effet, si dans le même type de variante suicidaire que celui de son collègue, il admettait qu'il puisse y avoir un partage de la prime, il remettrait en cause la procédure qui le protège et cela affaiblirait sa position.

Le syndrome de Salomon

Il s'ensuit alors une phase de discussion houleuse où la reprise de ces différents arguments par les deux commerciaux exacerbe la controverse et où le directeur essaie plus ou moins d'arbitrer l'affrontement. Dans une situation à la française, l'Arnaqué pense avoir une position forte en jouant sur le registre de l'indignation morale, et l'Arnaqueur, même s'il se défend sur le plan de l'efficacité, est le plus souvent gêné d'apparaître comme un arnaqueur. Le directeur tente de calmer le jeu ; en général, après avoir laissé un moment l'Arnaqueur et l'Arnaqué s'affronter, il reprend la main. Il y a deux possibilités : soit le directeur connaît peu ou pas la culture anglo-saxonne et joue une partition « à la française », soit, plus vraisemblablement, il a travaillé avec les Anglo-Saxons et évente le piège principal de ce cas tout en gardant une tonalité à la française, sous la pression morale du groupe. Dans les deux cas, le résultat n'est pas vraiment acquis. Voyons d'abord un exemple de plan à la française.

- ❖ *Objectif* : maintenir la cohésion de son équipe.

- ❖ *Direct* : féliciter les deux commerciaux pour leur travail d'équipe qui a permis d'enlever le contrat.

- ❖ *Indirect* : admonester l'Arnaqueur qui remet cette cohésion d'équipe en cause.

- ❖ *Anticipation* : proposer aux deux protagonistes de se partager la prime.

Le directeur ne peut qu'être sensible à l'argument sur la cohésion de son équipe qui lui garantit, ainsi qu'à l'entreprise, un chiffre d'affaires optimal. Dans un contexte à la française, son objectif est donc de maintenir la cohésion de son équipe. Invariablement, il va commencer par tenter de calmer le jeu en félicitant les deux hommes d'avoir réussi une si belle vente. Son premier réflexe est de revenir à la coopération qui a permis aux deux commerciaux de faire cette affaire ensemble. Son deuxième argument consiste donc à faire la morale à l'Arnaqueur qui remet en cause cette coopération au sein de l'équipe. Enfin, en admettant que ce directeur n'ait pas compris le caractère intangible des procédures dans la culture anglo-saxonne, et pour remettre la coopération de son équipe à l'honneur, il demande aux deux protagonistes de partager la prime. C'est le syndrome de Salomon, celui d'un jugement fondé sur des bases se voulant pragmatiques et, avant tout, morales.

Le résultat, c'est qu'il mécontente ses deux collaborateurs : l'Arnaqué, parce qu'il voulait toute la prime et que ce partage valide en partie la trahison dont il a été victime ; l'Arnaqueur, parce qu'il a été humilié et qu'il considère que, conformément à la procédure, la prime lui revient. Le résultat provoqué par le partage de la prime va à l'encontre de l'objectif du directeur : il pensait avaliser la coopération mais, en réalité, il ne fait qu'exacerber l'antagonisme. Le caractère français de cette solution est de considérer qu'une procédure n'a pas de valeur absolue et que le management a une certaine latitude pour l'appliquer. C'est l'héritage d'un droit latin distributif : juger en fonction de la condition (selon qu'on est puissant ou misérable) et des circonstances ; par opposition au droit commutatif de la *common law* : juger en fonction des règles et des procédures. De plus, comme chacun le sait, en France, la seule fonction réelle d'une règle est de justifier la somme exponentielle de ses exceptions... Enfin, même si par extraordinaire les deux commerciaux acceptaient le principe du partage de la prime, c'est le directeur qui serait alors mis en cause par ses supérieurs : car dans le contexte de la culture anglo-saxonne, une procédure peut difficilement être remise en cause.

La deuxième variante du plan du directeur est mixte. Il connaît la culture d'entreprise anglo-saxonne et l'importance qu'y ont les procédures, il sait qu'il ne faut pas les remettre en cause. Le plan reprend donc les deux premiers arguments du précédent – félicitations aux deux collaborateurs, condamnation morale de l'Arnaqueur – mais le directeur finit par préciser que, conformément à la procédure, la prime est tout de même acquise à l'Arnaqueur. Ce qui est totalement illogique dans cette deuxième version, c'est le mélange des genres – côté latin, le jugement moral, côté anglo-saxon, le respect de la procédure –, d'où un résultat aussi problématique que le précédent. Résultat, personne ne sort satisfait du rendez-vous : l'Arnaqueur parce qu'on lui a fait la morale, au mépris du fait que la procédure lui donne raison ; l'Arnaqué parce que malgré le fait que son argumentation ait été acceptée, la prime lui échappe ; le directeur, parce qu'il sent bien que ses deux commerciaux sont mécontents et que son objectif de maintenir la cohésion d'équipe est loin d'être atteint.

Dans une troisième variante, revenant à ses origines latines, le directeur peut jouer les Ponce Pilate et suggérer aux deux hommes de s'arranger hors de l'entreprise pour la prime, ce qui complique encore les choses puisque soit aucun d'eux n'a l'intention de transiger, soit même s'ils en acceptent l'idée, aucun d'eux n'est vraiment satisfait pour autant. En résumé, la combinaison d'une procédure d'esprit anglo-saxon et d'une mentalité à la française, conduit dans tous les cas à l'échec.

Différences culturelles

Pourquoi ce conflit paraît-il insoluble dans le contexte de la culture française ? Parce que les valeurs françaises et latines sont incompatibles avec les valeurs de concurrence et les règles de procédure qui sont au centre la culture anglo-saxonne. Ceci pour une raison assez simple : dans une société anglo-saxonne où la concurrence est considérée comme le mécanisme clef de la sélection naturelle des élites et de la création de richesses, il faut des procédures pour que l'état de concurrence généralisée ne dérive pas vers une pure logique de rapports de force et pour que l'affrontement ne soit pas plus destructeur que créateur. Cet univers de la concurrence est donc contrebalancé par l'établissement de procédures issues d'un autre fondement de la culture anglo-saxonne : celui des libertés civiles. La tradition des libertés civiles et son pendant juridique, la *common law*, s'appuient sur la notion de procédure qui détermine de manière pragmatique les attributions de pouvoir nécessaires pour trancher dans tous les aspects de la vie politique, économique et sociale. La question centrale est de savoir qui décide et comment résoudre tous les problèmes qui peuvent se poser dans la vie quotidienne. Tout se passe comme si, dans une culture où la règle de la concurrence est généralisée, la tradition des libertés civiles consistait à édicter des règles pour éviter que cette concurrence devienne plus destructrice que créatrice, d'où les notions de *fair play* pour les affaires, et d'*equity* pour la *common law*.

On trouve la même tendance au sein des entreprises anglo-saxonnes où, d'une part, on encourage les comportements agressifs, autant avec les entreprises concurrentes qu'entre collègues de travail et, d'autre part, on édicte des règles, et même des manuels de procédures, pour savoir comment trancher en cas de conflit. Les procédures sont donc omniprésentes, surtout dans les situations de crise où elles permettent de justifier les actes et les décisions. C'est ce qui donne ce charme bureaucratique si particulier à la culture d'entreprise anglo-saxonne et qui justifie l'omniprésente expression : « se couvrir le cul ». Si nous reprenons ce conflit commercial à partir de ces principes, il est clair que tous les arguments à la française de nos trois protagonistes et les principes sur lesquels ils s'appuient, sont totalement faux. En reprenant l'analyse de ce cas à partir d'une conception anglo-saxonne du monde, nous allons aboutir à des objectifs et à des résultats très différents.

Une deuxième phase anglo-saxonne

Winner and looser

Changement de cadre de référence : notre arnaqueur devient un *winner*, et la connotation négative de l'arnaque disparaît ; pendant que notre arnaqué devient un *looser*, ce qui est un statut beaucoup plus difficile. Le changement culturel des valeurs a provoqué une inversion des rapports de force. Reprenons le raisonnement par ordre de difficulté progressive avec, d'abord, les arguments du *winner*, qui a la partie la plus facile à jouer ; ensuite ceux du directeur, dont la voie est toute tracée ; et enfin ceux du *looser*, qui a fort à faire et dont il faut se demander quel est son objectif dans cette confrontation. Examinons les plans et les arguments des protagonistes en forçant un peu le trait pour faire ressortir les différences culturelles.

L'humiliation du looser

Le plan du *winner* est simple :

- ❖ *Objectif* : humilier le *looser*.
- ❖ *Direct* : « Il fallait signer hier. »
- ❖ *Indirect* : « Je t'ai donné une petite leçon de business, ce n'est pas gratuit ! »
- ❖ *Anticipation* : « Un *looser* n'a rien à faire dans notre équipe. »

Pour le *winner*, l'objectif n'est pas de revendiquer la prime puisque celle-ci lui appartient : elle lui est garantie par la procédure car c'est son nom et sa signature qui figurent sur le contrat. Le *winner* n'a pas à culpabiliser car, loin de le faire passer pour un salaud, cette affaire va lui donner une réputation de battant, ou la renforcer. Dans cette discussion, il pourrait tout bonnement se contenter d'un rôle muet puisque la prime est acquise. S'il prend la parole, ce sera pour enfoncer le clou, c'est-à-dire pour humilier le *looser* qui ferait mieux de se taire après une telle manifestation d'incompétence.

Dans cette perspective, le *winner* peut même se payer le luxe d'une gamme de réactions qui peuvent aller de la mauvaise foi (« *je ne comprends pas de quoi nous discutons ici* »), à l'impatience (« *nous perdons notre temps* », péché capital dans une culture où le temps, c'est de l'argent !). D'emblée, son premier argument, direct, verrouille le débat : « *Il fallait signer hier.* » Pas même besoin d'évoquer la concurrence, l'argument est évident ; ne pas avoir signé sur le champ est une preuve d'inefficacité. Dans le deuxième argument, indirect, il combine cynisme et réalisme : « *Je t'ai donné une petite leçon de business... il est normal que tu paies... je reviens t'aider quand tu veux... etc.* » Le troisième argument anticipe la suite logique de cette affaire avec la brutalité la plus crue : « *Tu es un* looser *mon vieux... tu n'as rien à faire dans notre équipe.* » Et le pauvre *looser* aura effectivement du mal à survivre dans cette équipe après une affaire qui aura fait les délices de tous les prédateurs alentour. Et le pire, c'est qu'argumentation ou pas, sa position sera confortée par la réaction prévisible du directeur.

Le procès d'incompétence

Dans un contexte anglo-saxon, le plan du directeur ne va certainement pas consister à arbitrer le différent entre ses deux subordonnés.

- *Objectif* : passer à l'affaire suivante.
- *Direct* : il faut faire signer les clients le plus vite possible.
- *Indirect* : le contrat est signé, la procédure s'applique.
- *Anticipation* : l'entreprise n'a besoin que de *winners*.

Pour le directeur, cette affaire ne pose aucun problème : il y a un contrat, une signature et une procédure pour attribuer la prime. De ce fait, la question de savoir à qui va la prime ne se pose même pas. Son seul objectif immédiat est de limiter le temps de cette discussion pour passer à l'affaire suivante. Aussi, il marquera la même incompréhension et la même impatience que le *winner* face à toute l'argumentation défensive du *looser*.

Même si d'aventure il est sensible à l'argument selon lequel, « après une telle affaire, plus aucun d'entre nous ne voudra travailler en équipe et le chiffre d'affaires global s'en trouvera diminué », d'une part, il n'a pas les moyens de remettre en cause une procédure qui a été décidée à un échelon supérieur (*corporate*) et, d'autre part, quand bien même en aurait-il les moyens, il se garderait bien de le faire pendant un conflit : on ne change pas les règles pendant la partie. Mais, pire encore pour le *looser*, il y a toutes les chances pour qu'un directeur commercial, élevé aux *corn flakes* et à l'idéologie libérale, lui remonte brutalement les bretelles pour n'avoir pas fait signer le contrat la veille. Toutes les chances aussi pour qu'il marque ostensiblement sa préférence pour les *winners*. En outre, en cas de contestation du *looser*, il sera le premier à reprendre l'instruction du procès pour incompétence.

Dans cette perspective, notre *looser* est en piètre posture. On ne voit d'ailleurs même pas pourquoi il prendrait la parole sur ce contrat pendant cette réunion puisqu'il ne peut réclamer la prime. Devra-t-il ne rien dire, supporter les sous-entendus et les sarcasmes ? Le risque est alors que, dans une équipe de prédateurs, il soit définitivement considéré comme un *looser* et voué au licenciement à brève échéance. Pour éliminer ce risque, il doit, comme dans nos cas précédents, inverser la perspective : il faut qu'il fasse la preuve qu'il est un *winner*, qu'il l'a toujours été et qu'il le sera encore.

Le renversement stratégique : règlement de comptes à OK Corral

Changement radical de perspective. Du point de vue du *looser*, il nous faut un renversement mental complet pour résoudre le problème. Tant qu'il accepte sa condition de *looser* ou d'arnaqué, il n'a aucun moyen de réagir efficacement. Il faut donc que notre *looser* cesse d'en être un, qu'il devienne ou redevienne un *winner*, un battant, un héros. Il doit se vivre en tant que tel pour trouver une « solution ». Admettons, par exemple, que notre premier commercial, celui qui s'est fait subtiliser la prime, soit un senior expérimenté du service, un prédateur coriace qui fait beaucoup d'affaires, et que le deuxième commercial, celui qui a subtilisé la prime, soit un nouveau venu, plus jeune, qui veut s'imposer dans le service. Dans cette perspective, l'enjeu ne concerne plus seulement une prime, il s'agit d'un défi entre mâles dominants. Quelle va être la réaction du premier commercial qui se voit ainsi défié devant la meute ?

Tout le problème des scènes précédentes venait justement du fait que l'Arnaqué, ou le *looser*, se vivait en tant que tel et donc ne pouvait avoir d'objectif positif. Quel est son objectif ? La prime est un objectif impossible, nous l'avons vu. De plus, nous n'en sommes plus là. C'est à travers la vente que se jouait l'enjeu de la prime, mais la vente est faite. Il est 11h, la réunion du service commercial commence à 14h. Pendant cette réunion, notre commercial risque de subir une humiliation publique ; la seule riposte possible est donc de l'infliger plutôt que de la subir. C'est le renversement stratégique que nous avons plusieurs fois commenté : son adversaire se prépare à l'humilier, il doit donc l'humilier le premier.

Imaginons la scène, qui commence en amont de la réunion. Il ne s'agit plus seulement d'un conflit commercial, il faut remonter aux substrats fondamentaux des mythes anglo-saxons. C'est le duel éternel entre le bien et le mal, entre les anciens dieux de la mythologie des Germains et des Scandinaves, qui essaient de maintenir l'harmonie du monde, et les géants, symboles des puissances du mal, qui veulent déchaîner les forces du chaos. Dans un contexte spécifiquement américain, nous sommes en plein règlement de comptes à OK Corral : le célèbre shérif Wyatt Earp va affronter le bandit Johnny Ringo en combat singulier dans le corral de Dodge City.

- ❖ *Objectif* : humilier publiquement son adversaire.

- ❖ *Direct* : déclarer la guerre à son adversaire dans le service.

- ❖ *Indirect* : se préparer à la réunion commerciale.

- ❖ *Anticipation* : réaffirmer son statut de *winner* par une victoire sans appel.

Premièrement, dès qu'il apprend l'histoire, Wyatt s'assoit à son bureau pour réfléchir calmement et, en quelques minutes, il met son plan au point. Comme il dispose de quelques alliés solides dans le service, il commence à préparer sa riposte en faisant le tour de ses soutiens. Wyatt annonce discrètement qu'il met à prix la tête de Johnny, qu'il veut tous ses clients et qu'il est prêt à donner une prime à ceux qui lui apporteront des informations sur ses dossiers, ou à ceux qui les subtiliseront. L'effet immédiat de cette annonce est de modifier l'atmosphère du service : le duel se prépare et, après l'annonce de Wyatt, plus personne ne le prend pour un *looser*. Il n'arrivera pas à la réunion en victime mais en prédateur : il a ouvert la chasse et il offre une prime. Personne n'aura envie de rire de lui. La rumeur va se répandre. Il faut bien sûr que ce soit une rumeur officieuse, Wyatt ne doit pas se mettre en tort, un shérif ne transgresse pas la loi.

Deuxièmement, avant la réunion, une petite préparation s'impose à l'heure du déjeuner. D'abord, Wyatt doit faire attention à ce qu'il va dire en public, il doit donc anticiper la scène, une scène très courte, c'est une guerre éclair, un *blitzkrieg*. S'il doit parler, il doit le faire très clairement, sans hésiter, il faut donc répéter, préparer l'action. Enfin, un œil sur sa montre, il doit arriver le dernier à la réunion, faire une entrée théâtrale, se tenir très droit, avoir une allure irréprochable. Passage aux toilettes : un peu d'eau sur le visage, s'essuyer soigneusement, défroisser ses vêtements, vérifier sa cravate et sa coiffure, se laver les dents, avec un doigt si nécessaire. En sortant, il doit être prêt, impeccable et concentré.

Troisièmement, la réunion. Pour venir à la réunion, Wyatt prend son dossier d'affaires en cours, y ajoute plusieurs sous-dossiers pour que celui-ci soit très épais. Le message subliminal qu'il doit envoyer est qu'il fait beaucoup d'affaires, qu'il en a toujours fait et qu'il en fera plus encore à l'avenir. Ce n'est pas un petit arnaqueur minable qui va remettre en cause son statut de *winner*. Il attend que tout le monde soit assis pour faire son entrée, sans pour autant être en retard. Tous attendent ce qu'il va dire et faire, avec le plus grand intérêt. Tout le monde sait qu'il va se passer quelque chose et, compte tenu de son allure décidée, les respirations sont suspendues. Ses alliés attendent d'assister à sa vengeance et se réjouissent même d'y participer contre monnaie sonnante.

Après avoir posé son dossier, Wyatt se dirige calmement vers Johnny, déjà installé à la table de réunion. Il s'arrête derrière lui, d'assez près pour l'empêcher de se lever, se penche par-dessus son épaule, lui tend la main avec un grand sourire et lui dit : « Bravo Johnny ». Johnny est assis, il est dans une posture physique difficile pour saisir la main qu'on lui tend, il doit se retourner de trois-quarts, dominé par la posture de Wyatt qui, debout, le surplombe. Johnny ne peut pas refuser la main tendue : Wyatt fait preuve de *fair play*, et Johnny passerait pour un faible s'il n'était pas capable de faire de même, car cela signifierait qu'il n'assume pas ce qu'il a fait. Il avance donc la main en se tournant de trois-quarts arrière, Wyatt la saisit et lui écrase longuement le bout des doigts en le tirant légèrement en arrière pour accentuer son déséquilibre et l'empêcher de réagir, tout en continuant à le coller de très près pour l'empêcher de se lever. Johnny devient blême, le bout de ses doigts est serré dans un étau, ce qui lui fait un mal de chien. Il se retient tout juste de ne pas hurler. Il est assis, coincé en déséquilibre arrière, entre la table qui l'empêche de se lever et Wyatt qui le bloque par derrière, lui tordant le bras vers le haut.

En maintenant Johnny dans cette posture contrainte, il l'humilie physiquement, publiquement. L'objectif de Wyatt est déjà atteint. Johnny, en déséquilibre arrière, incapable de se lever, les doigts broyés par la poigne serrée, ne peut se plaindre ou protester sans accentuer son humiliation. En continuant à sourire, sur un ton froid, calme et clair, Wyatt peut alors dire : « *Je suis heureux de t'avoir aidé à finir ton mois* » – et, après avoir lâché Johnny en le poussant vers la table, pour empêcher toute riposte immédiate, il va s'asseoir tranquillement. C'est un KO assis. L'humiliation publique a eu lieu, autant physique qu'intellectuelle. Tous les prédateurs présents jubilent et se réjouissent d'avance : ils participeront à la prochaine étape de la curée.

Pour évoluer, soyez ouvert : adaptez-vous au contexte !

Quatrième leçon de la Chouette

La stratégie comporte donc bien une dimension culturelle fondée sur les valeurs et, dans chaque culture, il est difficile de résoudre un problème sans structurer la solution autour de ces valeurs. L'analyse des cultures locales permet de jouer sur des comportements collectifs prévisibles : les traditions, les habitudes et, surtout, les croyances, permettent d'anticiper les comportements avec la même efficacité que l'analyse rationnelle. Ceci à une condition : savoir trouver ou retrouver (selon qu'on appartient à une culture ou qu'on la découvre), dans les situations exceptionnelles, les valeurs qui fondent l'identité collective et qui garantissent l'efficacité optimale de nos réactions dans un contexte donné. Pour le stratège, il y a donc deux cas de figure pour maîtriser le contexte culturel. Le premier est d'améliorer sa capacité à fonctionner dans son propre contexte culturel, ce qui relève de la maïeutique. Le second est d'apprendre à fonctionner dans un contexte culturel étranger, ce qui relève d'une conception multiculturelle de la stratégie. Examinons succinctement chacun de ces cas.

La métaphore maïeutique

Il ne s'agit pas ici de traiter de la maïeutique en profondeur mais plutôt de la considérer comme une métaphore du questionnement stratégique. La maïeutique socratique repose sur deux fondements. Premièrement, la croyance en la possibilité d'une réminiscence des valeurs qui nous sont immanentes, celles que nous portons en nous sans nécessairement en avoir conscience. Deuxièmement, une technique pour aider à « l'accouchement » de ces valeurs : le questionnement auquel Socrate soumettait ses interlocuteurs.

Du premier de ces fondements, la croyance en des valeurs immanentes, nous pouvons tirer une première leçon à propos de la version anglo-saxonne du conflit commercial. Si nous considérons les « valeurs immanentes » de Socrate dans le sens des valeurs les plus profondes qui nous constituent, il est clair que, dans une situation de crise, nous serons d'autant plus efficaces que nous agirons dans le sens de nos propres valeurs. La leçon est évidente mais mérite d'être soulignée : *pour être au summum de ses capacités, la première règle est simple : être soi-même.*

En revanche, le deuxième fondement de la maïeutique, la technique d'accouchement intellectuel et son feu roulant de questions ordonnées : il y a là une ressource précieuse. Dans le *Théétète* de Platon, Socrate se présente comme un « accoucheur des esprits » grâce à une méthode heuristique (art de faire des découvertes en articulant les règles d'une démarche de recherche) fondée sur les distinctions entre :

* ce que l'on sait que l'on sait ;
* ce que l'on sait que l'on ne sait pas ;
* ce que l'on ne sait pas que l'on sait ;
* ce que l'on ne sait pas que l'on ne sait pas.

Pour résumer très rapidement ce qui découle de ces distinctions : la plupart des choses que nous pensons savoir relèvent souvent autant de la croyance que de la raison, et celles que nous savons ne pas savoir ouvrent la porte à toutes les illusions ou manipulations. D'où un recours systématique au scepticisme et au doute pour étayer le raisonnement, surtout dans le domaine de la stratégie. En quittant le terrain socratique, nous devons également en inférer que, lorsque le raisonnement ne suffit pas, la maïeutique considère les croyances comme des faits sur lesquels la stratégie peut s'appuyer. Faute d'aller jusque-là, Socrate, qui préférait la morale à la stratégie, dut finir sa carrière de philosophe par une condamnation à mort et un verre de ciguë.

L'espace multiculturel de la stratégie

Deuxième conclusion que nous devons tirer de cette comparaison des cultures : une des limites de la stratégie, c'est qu'elle ne repose pas sur un mode de raisonnement universel. C'est ce que nous venons de montrer avec ce scénario anglo-saxon qui ne peut fonctionner que sur la base de ses propres valeurs, et qui dysfonctionne avec des valeurs qui lui sont étrangères.

Chaque civilisation a une histoire et des traditions particulières qui créent un espace culturel identitaire, y compris dans le domaine de la stratégie. Le modèle de la « guerre sainte » des Hébreux, décrit dans l'Ancien Testament, justifie une vision de la guerre totale dans la perspective de la conquête de la Terre Promise. À l'opposé de la doctrine de la guerre sainte des Hébreux, la conception chinoise de la stratégie, fondée sur *L'Art de la Guerre* de Sun Tzu, privilégie la ruse, le renseignement et une conception très indirecte du conflit. L'Inde donne naissance à l'*Arthashâstra*, le traité politique de l'Inde ancienne de Kautilîya, dont le réalisme cynique fondé sur le double jeu n'a rien à envier à celui de Sun Tzu ou de Machiavel. Le christianisme, après sa doctrine non-violente répondant à la période des persécutions du Ier au IIIe siècle, donne naissance au IVe siècle à deux doctrines de saint Augustin : celle de la « guerre juste » pour justifier la défense contre les invasions barbares, et celle de la « guerre totale », pour justifier la politique d'évangélisation par la force à laquelle se livre l'empire romain. Le bouddhisme, pourtant non-violent, lègue l'essentiel de sa philosophie aux arts martiaux chinois et japonais et, plus particulièrement, aux *Écrits sur les Cinq Roues* de Myamoto

Musashi. Parallèlement à la montée en puissance de l'Islam, émerge une autre tradition, qui va du *Jihad* au *Livre des Ruses,* en passant par l'invention du terrorisme d'Hasan Sabah et de ses haschischins. La période de la Renaissance se caractérise par l'œuvre de Machiavel, allant de la stratégie politique avec *Le Prince*, à la stratégie militaire avec l'*Art de la Guerre*. Etc.

Mais ce n'est pas tout, chacune de ces traditions est d'une grande richesse et d'une complexité où coexistent souvent des doctrines contradictoires. Pour reprendre l'exemple de la tradition anglo-saxonne, elle s'inaugure avec le modèle de guerre totale des Germains de l'Antiquité (le combat est la loi de l'univers) ; elle est renforcée par le protestantisme qui, dans sa relecture de l'Ancien Testament, retrouve le modèle de la guerre sainte des Hébreux (Jéhovah combattant à la tête de son peuple pour lui procurer la victoire) ; elle est rationalisée, plus de deux millénaires plus tard, par Clausewitz avec le modèle de la guerre absolue (le but de la guerre est la destruction totale de l'adversaire). Cette tradition se prolonge avec la doctrine économique libérale (la concurrence est la loi du marché) ; dans la philosophie de Hegel (le combat du maître et de l'esclave est une dialectique de la conscience de soi) ou de Marx (la lutte des classes est le moteur de l'histoire) ; dans la théorie évolutionniste de Darwin (la lutte pour la survie et la sélection naturelle sont les lois de l'évolution), sans compter la tradition de stratégie maritime indirecte de l'Angleterre, puis des États-Unis, etc.

Face à cette complexité des cultures, la seule solution pour le stratège est l'étude et la compréhension des caractéristiques du modèle stratégique local pour anticiper les comportements des États ou des entreprises dans la « guerre économique » contemporaine, ou encore les comportements collectifs dans les conflits relationnels. Après la règle précédente : *être soi-même,* il nous faut une deuxième règle, tout aussi simple : *apprendre à comprendre les autres.* Peut-être s'agit-il tout simplement de rester ouvert et de s'adapter au contexte, foi de Chouette opportuniste.

5

CHOISIR
SES COMBATS

Récapitulons. Foi de Chouette pragmatique, le but de cet ouvrage n'est pas de construire une théorie exhaustive de la stratégie. Ceci pour au moins trois raisons.

D'abord, le savoir n'a pas de limite, c'est pourquoi il faut délimiter la réflexion si nous voulons conserver les idées claires pour résoudre les problèmes quotidiens. La stratégie est l'art de la réduction des incertitudes or, plus le savoir s'accroît, plus la réflexion devient complexe et incompatible avec le danger immédiat. Plus nous avons affaire à des problèmes complexes, plus il est important d'avoir des idées simples et évidentes pour les résoudre.

Ensuite, dans le domaine de la stratégie militaire, malgré 2 500 ans de culture écrite et des centaines de livres issus de civilisations différentes, personne n'est parvenu à une théorie générale.

Notre but est beaucoup plus pragmatique : donner une base de départ à chacun pour faire face aux conflits professionnels, qui offrent un cadre unifié par les lois du marché. Ces conflits professionnels rejoignent la dynamique plus large des conflits quotidiens dans les trois objectifs qu'on peut assigner à une philosophie du combat : renforcer son autonomie, acquérir une capacité offensive et défensive, être capable de faire face à des conflits majeurs.

Reprenons les principes que nous avons déduits des chapitres précédents. Nous en avons d'abord déduit trois, qui sont universels : penser à l'envers ; penser avec la tête de l'autre ; et, lorsqu'un problème est sans solution, c'est qu'il n'y a pas de problème (plutôt que d'essayer vainement de le résoudre, il faut le traiter). Le quatrième principe est plus relatif puisqu'il consiste à prendre en compte les cultures locales.

Il nous faut d'abord compléter ces quatre premiers principes avec un cinquième que nous avons abordé à plusieurs reprises, notamment à travers la théorie des jeux : la supériorité des stratégies coopératives sur les stratégies conflictuelles.

Donnant-donnant

J'ai utilisé par deux fois la théorie des jeux pour éclaircir différents points de raisonnement. Il faut y revenir une troisième et dernière fois en nous référant à *Donnant-donnant*, l'ouvrage de Robert Axelrod qui, en 1984, a posé le problème de la coopération à travers une expérience dont nous allons seulement résumer l'idée essentielle, car le livre est très riche d'enseignements. À travers une compétition de programmes informatiques, il s'agissait de traiter le dilemme du prisonnier de manière itérative, c'est-à-dire à travers une suite prolongée d'échanges dans lesquels les programmes ont, à chaque coup, le choix de coopérer ou de ne pas coopérer. Comme dans l'exemple précédent, la règle du jeu est formalisée par la matrice suivante, où les programmes A et B s'affrontent avec les règles suivantes :

	A coopération	A non coopération
B coopération	A 3 B 3	A 5 B 1
B non coopération	A 1 B 5	A 1 B 1

- ❖ Soit A et B coopèrent et ils ont 3 points chacun.

- ❖ Soit A ne coopère pas, il a 5 points, et B coopère, mais il n'a qu'1 point car il s'est fait duper.

- ❖ Soit B ne coopère pas, il a 5 points, et A coopère, mais il n'a qu'1 point car il s'est fait duper.

- ❖ Soit A et B ne coopèrent pas et ils ont 1 point chacun.

Dans l'exemple précédent, nous ne raisonnions que par rapport à un seul échange. Dans l'expérience d'Axelrod, les programmes informatiques se livrent à 200 échanges successifs. Dans cette succession d'échanges, chaque programme peut tenir compte des actions précédentes de son adversaire pour ajuster ses propres choix. La question est donc : quelle est la stratégie qui permet d'accumuler le maximum de points ? Vaut-il mieux coopérer ou ne pas coopérer ?

La première manche du tournoi comprenait 15 programmes. Chacun d'entre eux devait affronter ses adversaires en 5 manches de 200 coups. Les 15 programmes en compétition vont du plus simple au plus sophistiqué. Parmi les programmes sophistiqués, certains tentaient de prévoir les réactions adverses en analysant les coups précédents, un autre coopérait globalement en faisant régulièrement défection pour acquérir un avantage, etc. Parmi les programmes simples, l'un jouait de manière aléatoire, l'autre commençait par coopérer mais devenait un programme tueur dès la première trahison.

Le programme qui emporta la première manche fut « Donnant-donnant », d'Anatol Rapoport, un psychologue de l'université de Toronto. C'était le plus simple de tous les programmes, il contenait deux lignes d'instruction : la première, coopérer ; la seconde, refaire ce qu'a fait l'adversaire au coup précédent ! « Donnant-donnant » gagna également un deuxième tournoi où 62 programmes venant de six pays furent confrontés. Il remporta également une troisième manche selon les principes de l'évolutionnisme génétique. L'idée étant de faire plusieurs compétitions de suite avec les 62 programmes et, à chaque tour de jeu qui symbolise une génération, les programmes croissent ou décroissent selon leur score. Par exemple, un programme ayant obtenu un score deux fois plus élevé qu'un autre sera deux fois plus représenté dans la manche suivante, comme s'il avait eu deux enfants, au contraire de son adversaire moins performant qui n'en aura qu'un seul. Ainsi les programmes performants croissent en nombre, et les programmes moins performants sont progressivement éliminés. C'est en quelque sorte une reproduction informatique du processus de sélection naturelle. « Donnant-donnant » l'emporta donc dans les trois versions de cette compétition. Quelles conclusions Axelrod tira-t-il de l'ensemble des résultats de son expérience ?

Globalement, les résultats de la compétition montrent un net avantage des programmes coopératifs par rapport aux programmes tueurs. En effet, les tueurs peuvent battre un programme bienveillant mais n'accumulent que peu de points car, dès qu'un programme « réalise » qu'il est devant un programme tueur, il cesse de coopérer et les deux adversaires ne font que le minimum de points. D'autre part, opposés les uns aux autres, les programmes tueurs s'éliminent réciproquement sans marquer de points. Au contraire, les programmes bienveillants qui coopèrent accumulent le maximum de points. Mais un programme ne peut se contenter d'être juste bienveillant ; il doit non seulement pratiquer la rétorsion avec les programmes tueurs, mais également avec les programmes qui trahissent occasionnellement, pour les dissuader de continuer. Ce que fait « Donnant-donnant », avec simplicité et élégance.

Axelrod énumère quatre propriétés qui contribuent à la réussite d'une stratégie et qui s'appliquent aussi bien à « Donnant-donnant » qu'à mes recommandations précédentes :

❖ coopérer autant que possible en évitant tout conflit inutile ;

❖ riposter systématiquement en cas de trahison ;

❖ être indulgent et revenir à la coopération dès que l'adversaire fait de même ;

❖ avoir un comportement transparent pour que votre vis-à-vis puisse s'adapter à votre stratégie.

Un stratège doit donc être doté d'un pragmatisme bienveillant qui ne table ni sur le fait que l'homme est méchant, ni encore qu'il est bon, mais sur le fait que chacun peut être tantôt l'un, tantôt l'autre, et qu'il faut en juger au coup par coup sans conserver de rancunes inutiles.

Coopérer à chaque fois que cela est possible

Le lecteur attentif aura remarqué que dans tous les cas de conflit traités dans cet ouvrage, nous n'avons proposé que des solutions globalement coopératives. Même dans les cas de conflits frontaux, nous avons privilégié des solutions où le fait de prendre en compte l'objectif de l'adversaire aboutissait à faciliter une stratégie coopérative. La stratégie sert à conduire la guerre, à affronter les conflits ; ce n'est pas une discipline coopérative, mais elle fonctionne plus efficacement au quotidien quand elle accompagne les tendances sociales dominantes qui, elles, sont coopératives. C'est pourquoi nous avons également préconisé des objectifs positifs, des stratégies qui rassemblent au lieu d'isoler. Le bon stratège conduit la guerre, le grand stratège prépare la paix.

Riposter systématiquement en cas de trahison

Dans une perspective de coopération, il est fondamental d'établir une règle de réciprocité. C'est pourquoi il ne faut pas hésiter à riposter en cas de trahison pour établir la réciprocité, qu'elle soit positive et coopérative, ou négative et conflictuelle. Cette réciprocité doit fonctionner aussi bien dans une situation de coopération que dans une situation de trahison. C'est pourquoi il ne faut jamais hésiter à riposter en cas de trahison.

Revenir à la coopération dès que l'adversaire fait de même

Dans la même perspective, même après une trahison, il faut être prêt à être indulgent et à revenir à la coopération si votre protagoniste en prend l'initiative.

Avoir un comportement transparent pour que votre vis-à-vis puisse s'adapter à votre stratégie

Qu'il s'agisse de coopérer ou de riposter, votre comportement doit être prévisible et compréhensible pour que votre protagoniste comprenne clairement l'alternative que vous lui proposez : trahir ou coopérer.

Armé de ces nouvelles règles, vous pourrez créer un contexte de coopération favorable autour de vous, multiplier vos alliés, réduire le nombre de vos adversaires et optimiser vos stratégies.

Choisir ses combats

Enfin, foi de Chouette chevronnée, il faut choisir ses combats. Trois dernières règles nous permettent d'augmenter nos chances de succès. Elles sont tirées de mon expérience martiale et m'ont permis de former nombre de compétiteurs d'expérience. Ces principes sont :

- premièrement, la recherche du minimum de risques pour le maximum d'efficacité ;

- deuxièmement, pas de recherche systématique de la victoire : le plus souvent, l'avantage suffit ;

- troisièmement, gagner grâce à ses qualités et progresser grâce à ses faiblesses.

Prendre le minimum de risques pour le maximum d'efficacité

Une philosophie du combat est fondée sur la prudence et la circonspection : elle ne consiste pas à essayer de combattre en toutes circonstances, ce qui diminue notre efficacité, notre niveau d'énergie, et augmente automatiquement et statistiquement les risques de défaite. Au contraire, pour agir avec le maximum d'efficacité, il faut refuser les conflits inutiles, tout simplement les ignorer quand cela est possible (par exemple, ignorer les noms d'oiseaux dont un zèbre irascible vous gratifie dans la circulation). Il faut également prendre le minimum de risques dans des affrontements secondaires, les éliminatoires d'une compétition, par exemple, où un simple avantage à la marque suffit pour l'emporter. C'est ainsi qu'on pourra mettre toute son énergie et être prêt à prendre tous les risques dans les quelques combats décisifs que comporte une vie.

Pas de victoire à tout prix : le plus souvent, l'avantage suffit

En complément du principe précédent sur le minimum de risques, l'objectif d'un combattant n'est pas de remporter une victoire optimale dans chaque combat. Là encore, la dépense d'énergie et les risques seraient disproportionnés. Il faut systématiquement diminuer le niveau de risque quand cela est possible et, surtout, éviter les grosses erreurs pour ne pas affaiblir son potentiel à long terme. Nul ne sait à l'avance quand viendra pour lui le moment décisif.

Gagner grâce à ses qualités mais progresser grâce à ses faiblesses

Le principe de base d'une philosophie du combat ne consiste pas à œuvrer pour améliorer ses qualités : n'importe quel barbare poussé par l'instinct sait qu'il doit maximiser ses performances pour assouvir ses appétits. Aucune philosophie ne lui est nécessaire. À long terme, le véritable enjeu est de prendre conscience de ses faiblesses. En effet, nos qualités ont des limites, mais nos faiblesses n'en ont pas. C'est en prenant conscience de nos faiblesses que nous sommes poussés à acquérir de nouvelles compétences pour y pallier. *C'est parce que l'homme est indéfiniment faible qu'il est indéfiniment perfectible. C'est sa fragilité qui fait sa grandeur.*

LA VIEILLE POULE, OU LE SECRET DE L'INVINCIBILITÉ ABSOLUE

L'empereur et l'ermite

Un grand empereur qui rêvait de gouverner l'univers entendit un jour parler d'un ermite qui, de source sûre, détenait le secret de l'invincibilité absolue. L'empereur décida sur le champ de découvrir coûte que coûte ce secret, car l'invincibilité absolue était la garantie suprême pour parvenir au gouvernement du monde. Malheureusement, personne ne savait où se trouvait l'ermite. L'empereur mit toute son armée et ses services secrets en branle pour découvrir où il pouvait se cacher. L'armée dut parcourir la moitié du monde, traverser les forêts et les fleuves, les montagnes et les mers, les glaciers et les déserts, avant de dénicher la caverne de l'ermite. C'était un barbu imposant, en robe de bure et à l'air sarcastique, qui avait le don d'énerver tous ses interlocuteurs. Il fallut longuement parlementer pour le conduire à l'empereur.

Sitôt à la cour, le souverain lui promit de grandes richesses contre son secret, mais l'ermite n'en avait cure. L'empereur lui promit des chevaux, mais l'ermite ne montait pas de chevaux, il rêvait de lévitation transcendantale. L'empereur lui promit ses plus belles femmes, mais l'ermite ne montait pas de femmes non plus, il était onaniste et il était misogyne. Alors l'empereur demanda à ce diable d'homme ce qu'il voulait. L'ermite lui répondit qu'il acceptait de lui livrer son secret de l'invincibilité absolue à deux conditions. La première était de faire, avant le combat, un repas de moules frites à la bière belge, ce qu'il considérait par ouï-dire comme le summum de la gastronomie mondiale. L'empereur accepta immédiatement et envoya une flotte au royaume de Belgique pour découvrir la recette des moules frites. La deuxième condition était que l'empereur vienne passer trois ans dans sa grotte car le secret ne pouvait s'acquérir qu'au prix d'un entraînement rigoureux.

Comme nous pouvons le concevoir, l'empereur n'était guère enclin à accepter cette seconde condition. Outre l'énervement que lui inspirait l'ermite, son métier d'empereur lui interdisait une aussi longue absence. L'ermite lui proposa alors d'enseigner son secret à l'un de ses soldats ou à l'un de ses officiers, mais l'empereur refusa, car un homme en possession d'un tel secret pourrait facilement lui voler son trône. Le souverain eut alors une idée : il proposa à l'ermite d'enseigner son secret à un de ses coqs de combat. L'empereur se piquait d'être le meilleur entraîneur de coqs de combat de son empire et il était sûr de deviner le secret si on l'enseignait à un de ses coqs. L'ermite, qui salivait sur la promesse des moules frites, accepta. Il accepta même le principe d'un combat annuel pour que l'empereur puisse vérifier les progrès de l'entraînement.

La vieille poule

L'empereur entraîna alors l'ermite dans son poulailler impérial. Il y élevait des centaines de coqs, plus puissants et plus sauvages les uns que les autres. À l'aube, quand le soleil commençait à poindre, leurs cocoricos assourdissaient les valets à un point tel que ceux-ci vivaient en permanence avec les oreilles bouchées à la cire et qu'ils communiquaient par signes. L'ermite passait devant les cages des plus beaux coqs mais, devant chacun d'eux, il faisait la lippe avec un mépris croissant. L'empereur s'étonnait de le voir ainsi dédaigner ses plus fiers sujets. Cet ermite commençait à lui échauffer la bile, mais il n'osait rien dire au détenteur d'un tel secret.

Tout à coup, en traversant une des dernières basses-cours, l'ermite tomba en arrêt devant une vieille poule au plumage incertain qui semblait vaciller comme prise de boisson sur un tas de fumier. Elle faisait deux pas asymétriques avec un déséquilibre grandissant et, au moment où elle paraissait prête de choir, elle en faisait un troisième en sens inverse et, d'un mouvement rapide du cou, elle piquetait une graine en putréfaction ou un vers de terre immonde qu'elle gobait sans coup férir. Et elle recommençait : top..., ... top, tip..., top..., ... top, tip..., top..., ... top, tip...

L'ermite se saisit de la vieille poule qui en caqueta d'indignation, mais il lui murmura doucement : « *Ne me prends pas pour un imbécile, tu crois que je n'ai pas compris que tu t'entraînes au style de l'homme ivre.* » « L'homme ivre » est un style de *wu shu*, art martial chinois, qui table sur le déséquilibre des déplacements pour porter des attaques inattendues. Ignorant les protestations de la vieille poule, l'ermite annonça à l'empereur, sans se départir de son air sarcastique, qu'il enseignerait son secret à cette volaille décharnée et il s'en retourna vers sa grotte. L'empereur, stupéfait et humilié, se jura de lui infliger mille morts dès qu'il aurait compris son secret. Trois ans à attendre, c'était long, mais le secret, si secret il y avait, en valait la peine !

La violence n'est pas l'invincibilité

Au bout d'un an, conformément au marché conclu, l'empereur se prépara à aller vérifier les progrès de l'ermite et de la vieille poule. Il sélectionna ses douze meilleurs coqs de combat et, accompagné de sa cour, de son état-major, de son armée, de ses concubines et de ses serviteurs, il traversa les forêts et les fleuves, les montagnes et les mers, les glaciers et les déserts, pour parvenir à la caverne de l'ermite.

Celui-ci était assis devant sa grotte et la vieille poule, un peu plus loin sous un arbre mort, continuait son manège d'éthylique : top..., ... top, tip..., top..., ... top, tip..., top..., ... top, tip... L'empereur interpella l'ermite : « *Alors cette vieille poule, a-t-elle progressé ? »* – « *Guère, sire, cette poule est stupide. Je vous avais prévenu qu'il me fallait au moins trois ans. »* – « *Organisons le combat prévu,* exigea l'empereur, *je souhaite constater ses progrès par moi-même. »* Les officiers eurent tôt fait de délimiter une aire de combat, et le corps du génie installa banquettes et parasols pour la cour et l'état-major.

Au milieu de l'aire de combat, la vieille poule continuait son sempiternel manège : top..., ... top, tip..., top..., ... top, tip..., top..., ... top, tip... Les valets apportèrent les coqs de combat, et l'empereur sélectionna lui-même son meilleur champion. C'était un animal terrible, il faisait presque trois fois la taille d'un coq ordinaire, son bec se prolongeait d'une pique d'acier, ses ergots avaient été munis de crochets métalliques coupants comme des rasoirs. Sentant le combat venir, le coq hérissait ses plumes et caquetait comme un damné. Il était tellement terrifiant que certaines dames de la cour protestaient de l'injustice faite à la vieille poule. L'empereur fit taire les murmures d'un froncement de sourcil et ordonna le début du combat.

À peine lâché, le terrible coq se précipita sur la vieille poule. Pendant quelques secondes, même les spectateurs les plus proches ne distinguèrent qu'un tourbillon de plumes. Puis à la stupéfaction de tous, sauf de l'ermite, on s'aperçut que c'était la vieille poule qui menait la danse : elle déchiquetait le coq, le pulvérisait, le broyait, le démembrait, et il ne fallut que quelques secondes de plus pour qu'elle l'achevât. Puis, couverte de sang, elle reprit tranquillement sa rengaine : top..., ... top, tip..., top..., ... top, tip..., top..., ... top, tip... Personne n'avait rien compris, tout le monde était stupéfait. Blême d'humiliation, car il avait lui-même entraîné ce coq, l'empereur ordonna qu'on apporte le deuxième coq. Il était presque aussi formidable que le premier, et l'empereur, mauvais perdant, lui fit enfiler une cotte de mailles protectrice. Le combat fut encore plus bref, la vieille poule, qu'on dérangeait visiblement, se contenta de fondre sur lui, agrippa son cou de ses deux ergots et le brisa d'une torsion en une fraction de seconde. L'empereur ne se contrôlait plus, il fit venir tous ses coqs les uns après les autres, et tous subirent un sort similaire.

Dans le silence consterné qui suivit les combats, l'ermite se leva et dit à l'empereur : « *Je vous avais prévenu, altesse, cette stupide volaille pense que l'invincibilité absolue consiste à massacrer ses adversaires. Elle n'a rien compris.* » Et il partit dormir dans sa grotte sans autre cérémonie, pendant que la vieille poule reprenait son éternelle quête : top…, … top, tip…, top…, … top, tip…, top…, … top, tip… L'empereur rentra déconfit dans sa capitale. Mais, malgré cette défaite, les pouvoirs de l'ermite s'étaient en partie révélés, c'était rassurant. En quoi pouvait consister ce secret de l'invincibilité absolue, se demandait le monarque ?

La terreur n'est pas l'invincibilité

Un an après, l'empereur était plus déterminé que jamais à prendre sa revanche avant que la vieille poule parvienne à l'invulnérabilité, si elle y parvenait. Il avait pris en main l'entraînement de toute sa basse-cour et décidé de former un bataillon d'une centaine de coqs qui attaqueraient la vieille poule ensemble. Après tout, si elle progressait vers l'invincibilité absolue, dix ou cent coqs, c'était du pareil au même. Il sélectionna donc ses cent meilleurs coqs de combat et, accompagné de sa cour, de son état-major, de son armée, de ses concubines et de ses serviteurs, il traversa les forêts et les fleuves, les montagnes et les mers, les glaciers et les déserts, pour se présenter à la caverne de l'ermite.

Cette fois, comme l'empereur ne concevait pas de perdre, il voulait que la vieille poule fût empêchée de fuir et il proposa à l'ermite que le combat ait lieu au sommet d'une tour que son armée commença à construire. Au sommet de la tour se tenait une immense plate-forme circulaire et, après en avoir fermé les accès, l'empereur fit disposer ses cent coqs sur la circonférence et resta seul avec trois gardes du corps, l'ermite et la vieille poule. En l'absence de graines ou de vers de terre sur le sommet de la tour, l'antique gallinacé somnolait, la tête enfoncée dans son plumage pitoyable... Quant à l'ermite, il arborait son éternel sourire sarcastique.

Les coqs de l'empereur, plus terribles encore que les précédents, étaient armés de pics et de crochets, protégés par des armures d'acier, et avaient appris à manœuvrer de concert. Ils n'attendaient plus que le signal de l'empereur pour transformer leur cible en charpie. La vieille poule ouvrit alors un œil, s'ébroua sans se presser et, subitement, se figea dans une posture de combat sans faille et lança un cri primal qui prit progressivement une ampleur sans pareille, comme si une faille s'était ouverte dans le ciel, libérant tous les démons de l'enfer. Les cent coqs, qui s'étaient immobilisés, se mirent tous à trembler pendant que le cri durait, durait... Même l'empereur et ses gardes du corps tremblaient. Tout à coup, l'un des coqs sauta par-dessus les créneaux de la tour et, sans même essayer de voler, s'écrasa comme une pierre une douzaine de mètres plus bas. Un deuxième suivit, puis un troisième, puis tous les coqs, puis les gardes du corps, puis l'empereur lui-même, que l'ermite rattrapa *in extremis*. Il tenait à ses moules frites. La vieille poule cessa alors son cri et se remit à somnoler.

L'empereur retrouvait lentement ses esprits. L'ermite retira les tampons d'étoupe qu'il avait glissés dans ses oreilles. L'empereur, penché, regardait les cadavres en bas de la tour en se demandant encore ce qui s'était passé. Il se retourna vers l'ermite mais, avant même qu'il puisse ouvrir la bouche, celui-ci lui dit : « *Je vous avais dit qu'il me fallait trois ans, majesté ! De plus, ce volatile est d'une bêtise crasse, il ne comprend rien à mon enseignement, il pense maintenant que l'invincibilité absolue consiste à terroriser tout le monde. Pardonnez-lui, majesté, cette vieille poule ne sait pas ce qu'elle fait.* » Il ne restait plus à l'empereur qu'à revenir un an plus tard, avec les moules frites et la bière belge et, surtout, à trouver un moyen définitif de clouer le caquet à l'ermite et à la vieille poule. Il se sentait tellement ridicule qu'il ne pensait plus qu'à la vengeance ; il en avait momentanément oublié le fameux secret.

L'ultime secret

De retour à la cour, l'empereur prit une décision radicale : puisque l'année prochaine la vieille poule serait censée avoir appris le secret de l'invincibilité absolue, c'est avec toute son armée qu'il l'attaquerait. Il était le plus grand stratège de son temps, il n'avait jamais perdu une guerre ni connu la peur sur le champ de bataille. Invulnérabilité ou pas, face à son armée de 900 000 tigres, l'ermite et la vieille poule seraient rayés de la surface de la terre. Après les diableries auxquelles il avait assisté, par surcroît de précaution, l'empereur ordonna également que se joignent à son armée les 100 000 magiciens, devins, rebouteux, sorciers et thaumaturges de l'empire. Ainsi, non seulement il mettait toutes les forces de l'au-delà de son côté, mais son armée comportait désormais un million d'hommes.

L'empereur aimait les chiffres ronds. L'entraînement des soldats et des magiciens fut porté à son paroxysme. On mit au point toutes les tactiques pour concentrer les forces sur un seul point. On utilisa toutes les méthodes de propagande pour focaliser la haine sur les poules, à tel point qu'aucun gallinacé ne pouvait quitter sa basse-cour sans risquer un viol collectif par sodomie, suivi d'un écorchement à vif.

Avant de partir, il fallait encore régler la question des moules frites et de la bière belge. Cela n'avait pas été simple. On ne pouvait espérer que les moules-frites supportent un aussi long voyage. Il fallut importer des moules vivantes dans de gros bacs d'eau de mer, des cultures de pommes de terre, et même deux chefs cuisiniers belges engagés à prix d'or. Même chose pour la bière belge, le houblon et les brasseurs qui, plus tard, constatant l'intérêt des sujets de l'empire, créèrent une marque locale, la *Tsing Tao*. À la date fatidique, tous les préparatifs achevés, l'empereur se mit en route, accompagné de sa cour, de son état-major, de son armée, de ses concubines et de ses serviteurs. Il traversa les forêts et les fleuves, les montagnes et les mers, les glaciers et les déserts, pour gagner la caverne de l'ermite.

Devant la caverne, s'étendait une immense étendue désertique propice à la bataille. L'empereur y fit disposer son armée en V, le côté ouvert en face de la grotte, de manière à ce que toutes ses troupes puissent y confluer sans se gêner réciproquement. Les 100 000 magiciens furent disposés sur des dunes, autour de la pointe du V, pour pouvoir suivre la bataille et ajuster leurs maléfices. La disposition des troupes étant réglée, il fit avancer l'intendance pour la cérémonie des moules frites. L'empereur apostropha l'ermite : « *Le moment est venu, ta vieille poule a-t-elle enfin compris le secret de l'invincibilité absolue ? »* demanda-t-il. *« Je l'espère, majesté, je l'espère, mais qu'attendre d'une aussi stupide volaille ? »* – *« Nous allons voir, répondit l'empereur, et tu joues ta vie si ton secret ne tient pas ses promesses. »* L'ermite répondit : *« Alors j'ai d'abord droit à mon dernier repas, votre grandeur, comme tout condamné à mort. »*

Excédé, l'empereur fit avancer les deux cuisiniers belges, qui se mirent immédiatement en batterie. L'un d'eux commença à nettoyer deux litres de moules qu'un marmiton retirait des bacs d'eau de mer, pendant que le second tranchait 4 oignons, 5 échalotes, puis écrasait une grosse gousse d'ail. Les chefs placèrent le tout dans une marmite, dans laquelle ils ajoutèrent plusieurs branches de céleri et de persil, du thym et deux feuilles de laurier et un bon litre de Chablis. Pendant ce temps, les marmitons épluchaient et découpaient des pommes de terre en longueur, pour obtenir l'inimitable frite belge qui allait cuire dans l'huile d'une friteuse spécialement importée du Bénélux. On mit les moules à cuire pendant vingt minutes, et l'un des chefs surveilla spécialement leur cuisson en les remuant jusqu'à ce qu'elles soient ouvertes. Puis on servit chaud. L'empereur et l'ermite étaient confortablement installés à une table spécialement dressée pour l'occasion et s'étaient déjà mis en condition avec plusieurs pintes de bière belge. L'amiral de la flotte avait bien fait les choses, il avait réuni plus d'une centaine de marques de bières classées par ordre alphabétique : de l'Abbaye de Saint-Amand, une blonde de la brasserie Brunehaut, 7 % d'alcool, jusqu'à la Zulte, une brune à 4,7 %, de la brasserie Alken-Maes. *« La Belgique doit être un empire très puissant pour produire une telle variété de bières »,* éructa l'empereur, légèrement ivre. « *C'est sûr* », expectora l'ermite, qui avait déjà commencé à manger ses moules, tout en saisissant par poignées les frites, finement relevées de sel de mer.

Pendant ce temps, depuis des heures déjà, toute l'armée attendait l'arme au pied sous un soleil impitoyable. Officiers, soldats et magiciens baignaient dans leur jus. Pour tromper cette attente insupportable, les officiers faisaient hurler aux hommes des slogans de haine contre la vieille poule tels que le classique : « *À mort, à mort, la vieille poule* », ou bien plus taquin : « *La poule au pot, la poule au pot, la poule au poteau* », ou encore, méridional salace : « *La poule, vieille goule, on t'encoule.* » Au début du repas, la force des slogans de haine tonnait comme un ouragan sonore. Ce qui ne dérangeait ni l'empereur, ni l'ermite, qui s'enivraient et festoyaient de concert, ni même la vieille poule qui sommeillait à l'écart. Elle avait chipoté une moule mais l'avait trouvée très inférieure aux vers qui constituaient son ordinaire. Trois heures après, le festin finissant, les slogans n'étaient plus qu'un murmure de gémissements rauques.

Rempli, repu, rougeaud l'empereur dit à l'ermite : « *Il est temps de combattre maintenant.* » L'ermite lui répondit : « *Comme vous voudrez, majesté.* » Saouls et titubants, ils se levèrent en s'appuyant l'un sur l'autre. L'empereur fit signe à son porte-étendard et celui-ci, agitant sa bannière, fit signe aux tambours dont les roulements électrisèrent l'armée. Les slogans de haine reprirent derechef : « *La poule, vieille goule, on t'encoule. La poule, vieille goule, on t'encoule.* » Pendant ce temps, la vieille poule avait repris sa quête de lombrics et se dirigeait en claudiquant au milieu du

V formé par les troupes : top..., ... top, tip..., top..., ... top, tip..., top..., ... top, tip... Sur un deuxième signe de l'empereur, les trompettes retentirent comme pour le jugement dernier. L'énervement général était à son comble. Sur un troisième signal, l'armée s'ébranla dans un fracas formidable en chargeant la vieille poule. Tout de suite, l'atmosphère s'assombrit et l'air devint irrespirable. En chargeant, l'armée avait soulevé un nuage de sable et de poussière. Dans une quasi-obscurité, oubliant toute stratégie, toute tactique, tous les régiments chargeaient en même temps. Les soldats, égarés par la haine, se précipitaient dans le plus grand désordre, allant jusqu'à se battre entre eux. La bataille faisait rage, les membres arrachés volaient, les corps s'éventraient, les flots de sang se déversaient. Les magiciens avaient déclenché tous leurs sortilèges : des formes terrifiantes et immatérielles s'abattaient sur la mêlée, pétrifiaient des corps, en consumaient d'autres, les liquéfiaient. Le ciel se déchirait en nuées foudroyantes qui laissaient des centaines de victimes. La folie atteignait son comble, la rage de destruction n'épargnait personne. Même les magiciens, les musiciens et les hommes de l'intendance s'étaient précipités, confondus dans la mêlée.

Seuls les deux cuisiniers belges assistaient tranquillement à la bataille, finissant les moules frites et sirotant une gueuse. Quant à l'ermite et à l'empereur, fin saouls, ils s'étaient endormis dans les bras l'un de l'autre. La bataille dura des heures, des heures de fureur et de haine, puis lentement s'éteignit. L'empereur et l'ermite furent réveillés par le silence. Tétanisés, dans la poussière qui retombait, ils contemplaient un champ de bataille où un million de corps démembrés baignaient dans l'odeur acre du sang.

Après un long moment d'hébétude, les deux entendirent, d'abord très lointaine puis de plus en plus proche, la ritournelle inimitable : top…, … top, tip…, top…, … top, tip…, top…, … top, tip… L'empereur vit apparaître la vieille poule, qui continuait tranquillement son manège entre les cadavres, picorant ici un œil énucléé, là une viscère dégoulinante. Un million d'hommes avaient été massacrés, sans compter les chevaux, et la vieille poule imperturbable continuait de becqueter.

À deux doigts de l'apoplexie, l'empereur se retourna vers l'ermite. Hystérique, il hurla : « *Mais à la fin, quel est ce secret de l'invincibilité absolue ?* » Et l'ermite, calmement, lui répondit : « *Sire… ILS NE L'ONT PAS VUE.* »

« Cette leçon sera la fin de ces Ouvrages :

Puisse-t-elle être utile aux siècles à venir !

Je la présente aux Rois, je la propose au Sage :

Par où saurais-je mieux finir ? »

Jean de La Fontaine

Annexe

Éléments de définition

Stratégie

Art de conduire la guerre : évaluation du rapport de force, renseignement, maîtrise des jeux d'alliance ou de coalition, analyse combinatoire pour prendre le minimum de risques avec le maximum d'efficacité, choix de l'attaque ou de la défense, conception du plan d'action, mise en œuvre du déploiement des forces, coordination des opérations sur les différents théâtres d'opérations et exploitation des résultats des différents affrontements pour parvenir à l'objectif. Plus généralement, la stratégie consiste à coordonner toutes les actions utiles pour atteindre un objectif. Dans les conflits relationnels, nous pouvons parler de stratégie lorsqu'il s'agit d'affronter de véritables tournants de carrière ou de vie.

Tactique

Art de remporter les batailles : adaptation du dispositif des forces aux spécificités du terrain, à la maîtrise des moyens et à la conduite des hommes. Plus globalement, la tactique consiste à optimiser tous les moyens disponibles pour gagner un combat. C'est le domaine de la ruse par excellence. Dans les conflits relationnels, nous pouvons parler de tactique lorsqu'il s'agit de résoudre une des nombreuses difficultés que nous rencontrons sur notre parcours.

Objectif

Élément majeur à partir duquel la stratégie va se construire entre deux extrêmes : une guerre limitée qui vise, par exemple, la conquête d'un territoire, ou une guerre totale qui vise à détruire les forces d'un ennemi, à occuper son territoire (pour éviter qu'une force ne s'y reconstitue et pour s'emparer de ses ressources) et à le soumettre à sa volonté (pour parer, tant que se peut, à toute reprise des hostilités). La nature de l'objectif, limité ou global, conditionne donc la stratégie et sa portée. La stratégie et la tactique sont des moyens militaires au service d'un objectif politique.

Moyens et volonté

Les deux facteurs principaux pris en compte dans une stratégie sont : l'étendue des moyens matériels mis en œuvre et la force de la volonté politique des protagonistes. Toute stratégie est d'abord fondée sur les ressources qu'elle peut mettre en œuvre mais c'est la volonté qui permet d'en trancher l'issue. Ces dimensions matérielles et psychologiques de la guerre peuvent être prolongées par des jeux d'alliances ou de coalitions pour mobiliser des ressources extérieures.

Alliance

Concept clef : « l'intérêt commun ». Exemple, pendant la Seconde Guerre mondiale, les Alliés combattent les puissances de l'Axe et, au-delà des causes circonstancielles du conflit, il s'agit d'un affrontement entre des démocraties et des régimes totalitaires. Cet intérêt commun des Alliés pour la démocratie explique qu'au lendemain de la guerre on retrouvera ces mêmes alliés au sein du pacte de l'OTAN. L'alliance permet également de rationaliser un dispositif militaire grâce au commandement militaire unifié. Dans les conflits relationnels, nous pouvons parler d'alliance à propos d'amis liés par des rapports suivis, des valeurs et des intérêts communs.

Coalition

Concept clef : le « danger commun ». Exemple, toujours pendant la Seconde Guerre mondiale, les Alliés sont coalisés avec l'URSS contre le danger commun que représentent les Puissances de l'Axe. Après la disparition de ce danger, la coalition prend fin et on retrouve deux alliances face à face : le pacte de l'OTAN, alliance des démocraties et celui de Varsovie, alliance des communistes. L'anneau de coalition est un système plus mobile et plus ponctuel que l'alliance, il se forme face au danger, puis évolue ou disparaît avec lui. Dans les conflits relationnels, nous pouvons parler de coalition avec des relations, y compris lointaines, avec qui nous faisons face à un danger ponctuel, sans être nécessairement liés pour longtemps.

Les concepts stratégiques

Trois types de stratégie, différents et complémentaires, permettent d'affronter tous les cas de figure dans un conflit :

❖ La stratégie directe, qui correspond à la formule *« un contre un »* du conflit bipolaire, où nous sommes confrontés à un adversaire principal qu'il nous faut abattre ou à une difficulté décisive qu'il faut trancher.

❖ La stratégie indirecte, qui correspond à la formule *« tous contre tous »* du conflit multipolaire, où nous sommes confrontés à un ensemble d'adversaires ou de problèmes qu'il nous faut affronter simultanément, sur plusieurs fronts.

❖ La stratégie d'anticipation, qui correspond à la formule *« un contre tous »* du conflit autocentré, où nous sommes confrontés à un ensemble d'adversaires ou de problèmes qu'il nous faut affronter globalement, en une seule fois, parfois même en une seule bataille.

Un contre un, tous contre tous et un contre tous, permettent d'aborder l'ensemble des cas de figure numériques possibles dans un conflit : « tous contre tous » contenant tous les cas, sauf « un contre un » et « un contre tous ».

La stratégie directe : La guerre totale

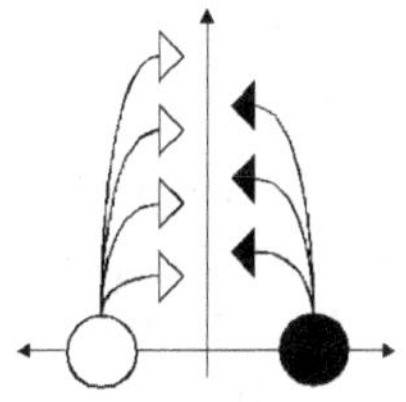

Un contre un : conflit bipolaire

❖ Objectif : **Détruire les forces adverses.**

❖ Principe de l'action : **Vaincre ou mourir.**

- ❖ Règle de la tactique : **L'escalade.** Attaque frontale, montée aux extrêmes de la violence, pour détruire l'adversaire.

- ❖ Loi de la stratégie : **La concentration des forces.** Axe d'alliance, fondé sur l'intérêt commun et le commandement militaire unifié, pour augmenter la puissance des attaques.

- ❖ Limite : **La destruction mutuelle.**

La stratégie directe, qu'on peut illustrer par la formule « un contre un », représente tous les cas de conflit où deux camps se font face, même si chacun d'eux peut comprendre un nombre indéfini de protagonistes. Le conflit prend alors un caractère bipolaire qu'on peut illustrer par l'image du duel entre deux individus, deux équipes, deux organismes, deux États ou deux alliances d'États. Dans le conflit bipolaire ou dans le duel à un contre un, le principe idéal de l'action consiste à surenchérir jusqu'au bout sur l'action de l'adversaire, à franchir toutes les étapes de l'escalade, à se battre jusqu'au bout pour vaincre. Compte tenu de cette montée aux extrêmes de la violence, il faut être prêt à accepter l'éventualité de la mort en cas d'échec. Le principe du Direct est d'être prêt « *à vaincre ou à mourir* ».

C'est une vision unidimensionnelle du conflit, centrée sur la situation qu'il faut affronter, la difficulté qu'il faut résoudre ou la bataille qu'il faut gagner, en se concentrant sur le rapport des forces en présence. La règle tactique du Direct est l'escalade, c'est-à-dire un mécanisme d'action/réaction provoquant une surenchère d'attaques et de contre-attaques qui se succèdent, selon Clausewitz, dans une « *montée aux extrêmes de la violence* ». Cette escalade a pour but la victoire décisive, c'est-à-dire la destruction des forces de l'adversaire et son anéantissement. La guerre totale et le commandement militaire unifié permettent d'optimiser le déplacement et l'impact des forces sur les axes d'opérations pour l'emporter par la destruction des forces adverses.

Dans cette forme de guerre totale, la limite de la stratégie directe est la destruction mutuelle des protagonistes. L'exemple le plus frappant est la doctrine nucléaire MAD (Mutuelle Assurance de Destruction) qui, en cas de première frappe nucléaire réussie d'un des protagonistes, expose tout de même celui-ci à la destruction par une seconde frappe adverse, effectuée à partir de silos de missiles dissimulés ou de sous-marins nucléaires.

La stratégie indirecte : La guerre limitée

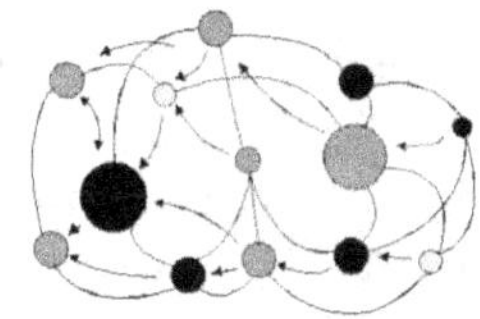

Tous contre tous : conflit multipolaire

- ❖ Objectif : **Conserver l'avantage.**
- ❖ Principe de l'action : **Vaincre sans combattre.**
- ❖ Règle de la tactique : **La dissuasion.** Dissémination, encerclements, riposte horizontale et délocalisation du conflit pour épuiser l'adversaire.
- ❖ Loi de la stratégie : **La mobilité des forces.** Anneaux de coalition, fondés sur le danger commun et le renseignement, pour annihiler les manœuvres adverses.
- ❖ Limite : **La fragilisation mutuelle.**

La stratégie indirecte, qu'on peut illustrer par la formule « tous contre tous », représente tous les cas de conflit où un nombre indéfini de protagonistes se regroupe en jeux de coalitions non réductibles à deux alliances. Le conflit prend alors un caractère multipolaire où les adversaires peuvent s'affronter, en nombre indéterminé, dans des jeux de coalitions fluctuants qui se déclinent à plusieurs niveaux : un pays peut former une coalition avec des alliés lointains contre un voisin proche, une entreprise peut former une coalition avec des concurrents étrangers contre une entreprise concurrente de même nationalité qu'elle, un individu peut se coaliser avec les ennemis proches ou lointains de son adversaire. Dans le conflit multipolaire, de tous contre tous, le principe de l'action consiste à « vaincre sans combattre », c'est un principe mobile et gradué, à mi-chemin entre la guerre limitée (jeux de coalitions permettant de contrer une menace par la dissuasion) et la guerre secrète (espionnage permettant de s'assurer des intentions de l'ennemi pour les contrer avant qu'il ne les mette en œuvre).

L'Indirect propose une vision multidimensionnelle et systémique du conflit. Multidimensionnelle en ce qu'on multipliera les niveaux d'antagonisme sur le plan politique, diplomatique, économique, commercial, ou professionnel. Systémique parce que cette démarche stratégique globale cherche à modifier à la fois le système de conflit, les règles de l'affrontement et les relations entre les différents acteurs coalisés. L'efficacité idéale de la stratégie indirecte consiste, selon Sun Tzu, à *« parer les menaces avant qu'elles ne se concrétisent »*. Le principe est de « vaincre sans combattre ». Pour ce faire, la règle de l'Indirect est la dissuasion, qui consiste à annihiler l'attaque directe par une menace indirecte : ruse, espionnage, guerre psychologique, coalition avec d'autres forces, pressions économiques ou politiques, guerre secrète, désinformation, etc. Le but étant d'acquérir l'avantage sans avoir à livrer bataille. Il ne s'agit pas de s'attaquer aux forces de l'ennemi mais à ses plans. Là où la stratégie directe consiste à concentrer les forces sur le champ de bataille, la stratégie indirecte consiste à ouvrir le conflit sur le plus grand nombre de dimensions possibles.

La limite des stratégies indirectes est la fragilisation mutuelle des protagonistes car, plus un système est sophistiqué, plus il est fragile. Dans un système indirect et complexe d'encerclements et de contre-encerclements, de ruses et de contre-ruses, il y a toujours le risque de voir surgir un barbare des confins qui, indifférent à cette forme sophistiquée d'affrontement, utilisera la force brutale pour soumettre ses adversaires les uns après les autres et les subjuguer tous. C'est le cas d'Alexandre le Grand pendant les guerres du Péloponnèse ; de T'sing Che Houang Ti pendant la guerre des Royaumes Combattants ; des grandes invasions barbares du Ve siècle, qui jetteront bas l'Empire romain, etc.

La stratégie d'anticipation : La guerre éclair

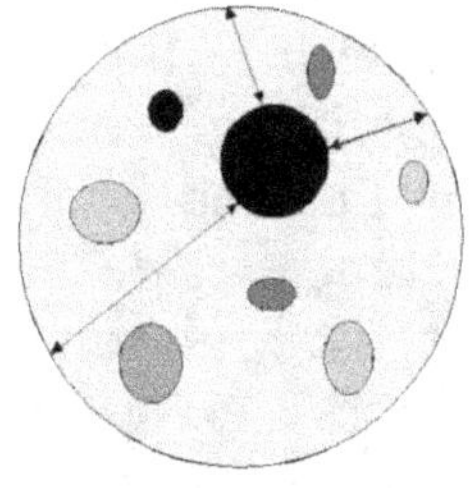

Un contre tous : conflit autocentré

- ❖ Objectif : **Maintenir sa supériorité.**

- ❖ Principe de l'action : **Vaincre avant de combattre.**

- ❖ Règle de la tactique : **Le redéploiement.** Renforcement d'un point d'appui, utilisation d'un levier et attaque décisive pour surprendre l'adversaire.

- ❖ Loi de la stratégie : **Le maillage des forces.** Verrouillage du point d'appui et développement du levier, pour maintenir sa suprématie dans la sphère d'influence.

- ❖ Limite : **La rigidité régressive.**

La stratégie d'anticipation, qu'on peut illustrer par la formule « un contre tous », représente tous les cas de figure où un seul acteur fait face à un ensemble indéterminé d'adversaires sur lesquels il doit prendre l'avantage. Le conflit prend alors un caractère autocentré, d'un contre tous, où le principe de l'action consiste à « vaincre avant de combattre ». C'est le principe de la guerre éclair, qui suppose une préparation, un redéploiement engagé bien avant le conflit, grâce à un point d'appui et un levier. Chez un individu, le redéploiement qui va permettre de renforcer un point d'appui, consiste à acquérir de nouvelles connaissances, de nouvelles compétences ou de nouvelles relations. Le levier sera le moyen d'action que cet individu pourra obtenir grâce à ce point d'appui. Par exemple, dans l'entreprise, grâce au renforcement de ses compétences et de ses relations, c'est-à-dire de son point d'appui, on pourra obtenir la direction d'un service, c'est-à-dire un levier hiérarchique. Pour une entreprise, une institution ou une nation, le redéploiement consiste à renforcer la cohésion morale du groupe, en lui donnant une nouvelle vision du monde, ou à renforcer sa cohésion matérielle à travers de nouvelles compétences, de nouvelles technologies ou de nouvelles armes ; c'est le point d'appui. Cette cohésion facilitera le redéploiement des moyens d'action, des leviers matériels ou idéologiques. Grâce à ce redéploiement, l'individu, ou le groupe, pourra anticiper dans un domaine donné grâce à sa maîtrise d'un contexte plus large que celui dans lequel se situent ses adversaires.

Une des caractéristiques clefs de l'Anticipation est qu'elle ne se décrète pas. On ne peut pas dire : je vais anticiper. Si, longtemps à l'avance, on s'est préparé pour acquérir des compétences ou de l'influence, c'est-à-dire un point d'appui qui permet d'utiliser un levier, l'utilisation de ces moyens provoquera naturellement, au moment d'agir, une anticipation et une capacité à « vaincre avant de combattre ». C'est pourquoi la règle tactique de l'Anticipation est le redéploiement : c'est-à-dire la capacité de se préparer, longtemps à l'avance, à agir plus vite, plus loin et plus efficacement que tous ses adversaires réunis. Les lois de la stratégie d'anticipation reposent sur le concept de verrouillage des forces qui permet de valider un redéploiement. Par exemple, un individu ayant acquis de nouvelles compétences et/ou de nouvelles relations dans l'entreprise, verra ses nouvelles compétences et relations verrouillées par une promotion qui lui permettra de les utiliser à une plus large échelle. L'Anticipation est une forme de guerre éclair, fondée sur l'amplitude des capacités d'action dans une sphère d'influence (sur les hommes) ou de compétences (sur les choses) ; elle permet de maintenir sa suprématie et d'obtenir la victoire par « l'action unique » et la surprise.

La limite de l'Anticipation est le moment où le redéploiement cesse et où les méthodes d'action se répètent de manière mécanique, alors que les conditions du combat ont changé. L'Anticipation se transforme alors en rigidité, en fuite en avant, en régression. Par exemple, pendant la Seconde Guerre mondiale, au XXe siècle, le Troisième Reich anticipe sur tous ses adversaires européens par le *blitzkrieg*, la guerre éclair, menée par les chars et les avions mais, dès lors que le conflit se généralise et devient mondial, cette forme d'anticipation devient insuffisante et la fuite en avant du régime nazi ne servira plus qu'à accentuer les dommages que l'Allemagne subira à la fin de la guerre.

Stratégies en mouvement

Enfin, le conflit et la stratégie s'exercent dans un monde en mouvement. La meilleure stratégie consiste donc à combiner le Direct, l'Indirect et l'Anticipation. Le Direct permet de concentrer l'action pour affronter une difficulté ou un adversaire particulier et, le problème résolu, de revenir à l'Indirect pour faire face à une réalité où les menaces se superposent, où il faut gérer simultanément de nombreux paramètres. Quant à l'Anticipation, qui ne se décrète pas, elle peut parfois consister à appréhender le rythme du combat pour savoir quand il faut passer du Direct à l'Indirect, ou inversement. C'est à partir de cette combinaison du Direct, de l'Indirect et de l'Anticipation, que nous construirons les plans d'actions qui suivent.

Le plan d'action

Le plan

Il consiste à découper la stratégie en étapes, pour résoudre progressivement les difficultés à affronter. C'est pendant ce découpage que l'on procède à l'évaluation des risques.

Conflit ou coopération

Les concepts stratégiques, un contre un, tous contre tous, un contre tous, présentés dans leur dimension conflictuelle, peuvent également être utilisés pour caractériser une situation de coopération : « un contre un » devient « un avec un », soit une forme de coopération progressive ; « tous contre tous » devient « tous avec tous », soit une forme de coopération alternée ; « un contre tous » devient « un avec tous », soit une forme de coopération globale. Cette symétrie entre coopération et conflit est fondamentale, de même que celle entre guerre et diplomatie. La seule différence entre le conflit et la coopération tient au caractère multiforme et itératif de la coopération, qui peut prendre des formes plus diverses puisque non dictées par l'urgence ou le danger. Face à une crise, nous devons toujours commencer par évaluer l'alternative entre stratégie de coopération ou de conflit.

Simplicité

Principale caractéristique d'une bonne stratégie et d'un bon plan d'action : ils doivent être simples et immédiatement compréhensibles. Ce pour une raison évidente : dans un conflit, l'essentiel ne réside pas dans le plan d'action, mais dans l'exécution de ce plan. Or cette exécution est aléatoire pour au moins trois raisons : d'abord les malentendus ou les incompréhensions qui découlent de la communication du plan, surtout quand celui-ci s'exerce à une vaste échelle et à plusieurs niveaux hiérarchiques ; ensuite, les actions imprévues de l'adversaire ; et enfin, le hasard. Autant de facteurs qui produisent des décalages entre les prévisions et les résultats. Préférez un plan simple, bien exécuté et une petite victoire, à un plan sophistiqué qui vous exposera à un plus grand risque de défaite. Ne pas confondre simplicité et simplisme, la simplicité est un art majeur.

Conception du plan

L'utilisation des concepts stratégiques pour la conception d'un plan d'action est logique : il s'agit tout simplement de tenter de résoudre les problèmes par ordre de complexité progressive. Prenons comme exemple un cas de conflit dans une entreprise :

❖ Le Direct consiste à essayer de résoudre la difficulté principale en fonction des forces adverses et des circonstances.

❖ L'Indirect consiste à essayer de résoudre le problème en fonction du contexte immédiat : l'équipe et le service dans lequel la crise se déroule.

❖ L'Anticipation consiste à essayer de résoudre la difficulté en fonction du contexte global de l'entreprise et du marché, c'est-à-dire de l'intérêt général.

C'est à partir de ce schéma progressif que nous traitons les cas présentés dans cet ouvrage.

Attention à la pertinence de l'objectif : l'échec d'une stratégie est souvent lié à une erreur d'appréciation sur l'objectif qu'elle se proposait d'atteindre.

Évaluations spontanées

Pendant une crise ou un conflit, les analyses sont souvent remplacées par des évaluations spontanées et immédiates. Mais ce n'est pas pour autant que nous agissons au hasard : même si les crises ou les conflits immédiats nous laissent rarement le temps de tenir des raisonnements structurés, nous n'agissons jamais de manière purement instinctive. Même dans nos actes les plus spontanés, consciemment ou non, nous intégrons les évaluations, les calculs et les jugements qui ont tissé nos expériences passées.

Remerciements

Élisabeth Massa-Nadoulek a relu et corrigé les trois versions successives de cet ouvrage, mis au point le texte, fait de nombreuses suggestions et assuré la correction finale.

Guillaume de Lacoste Lareymondie a également relu le texte à ses différentes étapes, fait des suggestions pertinentes et assuré la publication de cet ouvrage pour les Éditions Eyrolles.

Titou n'a rien fait, mais sa présence a tout changé.